공적 신앙이라는 새로운 지평을 열어 줄 교과서적인 책이 출간되어 감사하다. 본디 기독교는 다른 신앙인들과 더불어 공공의 영역에서 인간 삶의 번영이라는 공동선을 실현해야 하는 예언자적 종교로서의 사명을 안고 있다. 다종교 사회에서 우리는 어떻게 이 비전을 실현할 수 있는가. 저자는 하나의 종교가 세상을 완전히 바꿀 수 있다는 종교적 전체주의나 모든 종교가 공적 영역을 완전히 등지는 세속주의는 그 답이 될 수 없다고 주장한다. 그렇다면 기독교 신념을 확고히 하면서도 복음의 공공성을 실현하기 위한 그리스도인의 역할은 무엇인가. 이 책에서 그 실마리를 얻을 수 있을 것이다.

― 이만열 숙명여대 명예 교수

현재 한국 개신교인들은 심한 혼란에 빠져 있다. 한국 사회는 민주와 자유 그리고 정의를 공적 가치로 추구하고 있지만 교회 지도자 중 상당수는 하나님의 이름으로 독재와 억압과 불의를 공공연히 지지하고 있기 때문이다. 이로 인해 한국 개신교에 대한 비난과 이탈이 급증하고 있다. 「광장에 선 기독교」는 한국 개신교의 올바른 좌표 설정에 기여할 책으로, 개신교인들의 표층적 신앙이 가지는 기능적 장애를 잘 지적하면서도 좌우로 치우치지 않은 올바른 사회 참여 방안을 제시하고 있다. 공적 신앙에 관한 필독서로서 강력히 추천한다.

― 백종국 경상대 정치외교학과 교수

"남에게 대접받고자 하는 대로 남을 대접하라"는 말씀으로 예수께서는 구약을 압축하셨다. 신앙 고백도, 언약도, 구속사도 이 요약에 들어 있지 않다는 점에서, 예수님의 구약 해석은 참으로 놀랍다. 기독교인들로만 이루어진 세상이 아니라, 여러 종교와 신념으로 구성되어 있는 현대사회의 공적 영역에서 그리스도인이 어떻게 다른 이들과 함께 살지 풀어 가는 볼프의 논의의 중심에 이 구절이 있다. 그가 도달한 '정치적 기획으로서의 다원주의'라는 결론에 동의하든 그렇지 않든, 그의 논의는 우리가 어떻게 살아갈지 고민하게 만든다. 끊임없이 신앙을 사적 영역에 국한시키려는 '사사화'(私事化)의 유혹에 직면해 있는 한국 교회로서는 이러한 공적 영역에 대한 고민이 절박하기까지 하다.

― 김근주 기독연구원 느헤미야 전임 연구위원

오늘 기독교 신앙은 양극화되고 있다. 마음의 안정이나 개인의 출세와 영달을 위한 수단으로 전락하거나 세상을 정복하려는 기도를 정당화하기 위한 수단이 되고 있는 것이다. 우리는 이러한 양극단 외에 제3의 길을 찾아야 한다. 수백 개의 종교 교파가 공존하는 종교 전시장과 같은 우리 사회에서 신앙의 정체성을 훼손하지 않으면서도 다른 종교와 분쟁을 일으키지 않고 공적인 책임을 수행할 수 있는 길 말이다. 미국의 저명한 신학자인 미로슬라브 볼프가 쓴 「광장에 선 기독교」는 기독교가 왜 공공성을 상실했으며, 이를 어떻게 회복할 수 있는지 보여 줌으로써 세상의 문턱에서 방향을 잃고 고민하는 기독교인들에게 길잡이 역할을 해 줄 최고의 안내서다.

― 정재영 실천신학대학원대학교 종교사회학 교수

그리스도인은 왜 자신들이 보유한 신앙의 자원을 축소시켜 성공을 추구하는 개인을 위로하고 힘을 북돋우는 메시지로 만들기보다 공공선을 위해 발언하며 섬기는 데 사용하여야 하는가? 또한 어떻게 그리스도인이 아닌 사람들에게 자신들의 생각을 강요하지 않고서 그렇게 할 수 있는가? 「광장에 선 기독교」에서 미로슬라브 볼프는 대중적이면서도 학문적인 깊이를 충족시키며 이런 두 가지 깊이 있고 긴급한 질문을 과감하게 다루는 매우 중요한 역할을 맡았다. 그는 모든 면에서 성공을 거뒀다. 이 책은 우리 시대에 혼란을 겪고 있는 사람들을 위한 놀라운 지침서다.

― 니콜라스 월터스토프 예일 대학교 철학 교수

최근 들어 신앙인으로서 우리의 종교적인 확신을 공적 영역에 적용하려는 노력이 기능장애를 경험하고 있다. 미로슬라브 볼프는 우리가 '신앙의 사사화'라는 정서로 후퇴하지 않기를 바라면서, 신앙에 기초한 공적 생활의 옹호가 어떻게 다원주의 흐름 속에 있는 이 시대에 공공선을 증진할 수 있는지 깊이 있는 조언을 제공한다. 이 책은 중요한 지혜로 가득 차 있다.

― 리처드 마우 풀러 신학대학교 총장

볼프는 자신의 기독교 신앙 전통에 깊이 뿌리를 내리면서도 공적 영역에서 우리가 어떻게 신앙의 목소리를 내야 하는지 소중한 지침을 제공한다. 이 책은 리처드 니버의 「그리스도와 문화」 이래 이 문제에 관한 가장 중요한 저작이다.

― 랜들 발머 컬럼비아 대학교 종교사 교수

광장에 선 기독교

IVP(InterVarsity Press)는
캠퍼스와 세상 속의 하나님 나라 운동을 지향하는
IVF(InterVarsity Christian Fellowship)의 출판부로서
생각하는 그리스도인을 위한 문서 운동을 실천합니다.

Copyright ⓒ 2011 by Miroslav Volf
Originally published in English under the title
A Public Faith by Brazos Press,
A division of Baker Publishing Group
P.O. BOX 6287, Grand Rapids, MI 49516, U.S.A.
All right reserved.

Used and translated by the permission of Baker Publishing Group
through rMaeng2, Seoul, Republic of Korea.

Korean Edition ⓒ 2014 by Korea InterVarsity Press
156-10 Donggyo-Ro, Mapo-Gu, Seoul 04031, Korea

광장에 선 기독교

미로슬라브 볼프 | 김명윤 옮김

IVP

스키프에게

차례

서론 11

1부 신앙의 기능장애에 맞서

1. 신앙의 기능장애 25

2. 나태함 49

3. 강요 67

4. 인간의 번영 89

2부 참여하는 신앙

5. 정체성과 차이 117

6. 지혜를 나누며 145

7. 공적 참여 171

결론 195

감사의 글 205

주 209

서론

오늘날 공공 생활에서 종교의 역할에 관한 논쟁이 격화되고 있는 이유를 이해하기란 그다지 어렵지 않다. 첫째, 불교, 유대교, 기독교, 이슬람교 같은 신자가 증가하고 있으며, 여러 종교 신자들이 자신들의 신념과 신앙 관습이 가정이나 종교 공동체라는 사적 영역에 제한되기를 원하지 않기 때문이다. 오히려 그들은 신념과 신앙 관습들이 공공 생활을 형성하길 원한다. 미국의 경우, 종교적인 보수 진영이 레이건 시대 이후로 선거 정치에 참여하여 입법 과정에 영향을 끼치고자 했으며, 오바마 시대에는 신앙의 각성을 통해 사회에 도덕적인 변혁을 일으키는 데 역량을 집중했다. 신앙인들은 이렇게 어떠한 방식으로든 그들이 믿는 바람직한 삶의 이상에 따라 공공 생활을 형성하려고 하고 있다.

둘째, 오늘날같이 세계화된 사회 속에서 종교는 지리적 구분처럼 깔끔하게 구획되지 않기 때문이다. 세계는 점점 좁아지고 사람들 간의 상호 의존성이 증대됨에 따라 서로 다른 종교의 열정적인 신앙인들이 같은 공간 안에 거주하는 기회가 많아지고 있다. 모두가 공적 영역을 각자의 경전과 전통에 따라 형성하고자 하는 이런 상황에서 과연 어떻게 이들이 더불어 살아야 할 것인가?

종교의 공적인 역할을 생각할 때 가장 우려스러운 바는 특정 종교를 따르는 고유한 삶의 방식을 다른 이들에게 강요하는 것이다. 신앙인들은 다른 삶의 방식을 강요받는 것을 두려워한다. 무슬림은 그리스도인을 두려워하고, 그리스도인은 무슬림을 두려워하며, 유대교도는 그들 모두를 두려워하고, 무슬림은 유대교도를 두려워하며, 힌두교도는 무슬림을 두려워하고, 그리스도인은 힌두교도를 두려워한다. 전통적인 종교에 속해 있지 않은 세속주의자들 또한 어떠한 종교든지 간에 종교적인 삶의 강요를 두려워한다. 이들은 모든 종교가 비이성적이고 위험하다고 생각하는 경향을 갖고 있다.

종교적 관점을 강요하는 데서 오는 두려움 때문에 공적 영역에서 종교적인 목소리를 잠재워야 한다는 요구가 등장하곤 한다. 최근에 마크 릴라(Mark Lilla)가 말했듯이, 이런 요구를 하는 사람들은 가장 큰 공적 영역 중 하나인 정치가 "계시의 빛에 의해 계몽되지 않은 채 남아 있어야" 하고, 인간의 이성만을 지침으로 삼아야 한다고 주장한다.[1] 이것이 바로 지난 수세기 동안 서구에서 형성되어 온 세속 국가라는 개념이다.

종교적 전체주의

종교가 정치 영역 밖에 있어야 한다고 생각하는 사람들과 달리 나는 이 책에서 신앙인은 각자 생각하는 바람직한 삶의 이상을 공적 영역에서 자유롭게 제시할 수 있어야 한다고 주장하고자 한다. 여기에는 다른 공적 영역과 함께 정치도 포함되어야 한다. 나아가 나는 신앙인이 자신들의 신앙 이상을 제시하는 행위를 금지하는 것은 억압적이라고 믿는다. 물론 이런 주장을 하면 누군가 곧바로 종교 전체주의(religious totalitarianism)의 위협을 지적할 것이다.[2]

오늘날 많은 세속주의자에게 사이드 쿠트브(Sayyid Qutb) 같은 인물로 대표되는 호전적인 이슬람의 모습은, 종교가 공적 영역을 마음대로 지배하도록 허용할 때 어떤 결과가 야기될지 보여 주는 대표적 사례다. 이런 주장은 종교에 대한 대단한 오해를 내포하고 있음에도 종교의 공적 역할에 대한 토론의 장을 유령처럼 떠돌고 있다. 이 '유령'이 어떤 존재인지 분명히 하기 위해 쿠트브가 감옥에서 저술하여 1966년 사형선고를 받게 했던 짧지만 혁명적인 책 「이정표」(Milestones)에 분명하게 나타나는 입장에 대해 간단히 살펴보자. 쿠트브는 공산주의자들 사이에서 마르크스에 비견할 만한 인물로 '근본주의 이슬람의 대부'로 불린다. 이것은 분명한 과장이다. 그러나 그가 "이슬람 세계 전체에 걸친 근본주의 운동의 세계관을 형성하는 데 영향을 미쳤다"는 것은 사실이다.[3] 그는 현재 종교적 전체주의라고 부르는 주장에 대한 가장 강력하고 영향력 있는 대표자이며, 오늘날 '지배 신학자'(dominion theologians: 기독교의 규율을 미국 사회 전반에 적용해야 한다고 주장하는 극단적 보수주의 신학 – 편집자주)[4]라고 불리는 기독교의 종교적 전체주의를 대표하는 학자들보다 지적으로 더 과격하다. 나는 이 책에서 공적 삶에서 모든 종교를 철저히 배제하려는 세속주의적인 입장과 특정 종교가 공적인 삶에 철저히 침투해야 한다는 쿠트브의 주장 모두에 대한 대안을 제시하고자 한다.

나는 그리스도인이고 쿠트브는 무슬림이다. 그러나 그렇다고 내가 기독교와 이슬람교의 입장을 대립적으로 이해하려는 것은 **아니다**. 대부분의 무슬림은 쿠트브의 입장을 받아들이지 않는다. 그의 입장은 이슬람교의 권위 있는 경전에 충실하지 않을 뿐 아니라, 세계 여러 곳에서 다양한 정치적인 관계를 형성해 온 무슬림의 오랜 전통에 근거하지도 않기 때문이다. 내가 의도하는 바는 종교적인 정치적 다원주의(religious political pluralism)와 종교적인 전체주의 사이의 대비다. 여기에서 내가 '종교적인 정치적 다원주의'라고 묘사하는 입장은 기독교 전통에 등장하기는 하지만 그리스도인을 **대표하는** 입장은 아니다. 모든 그리스도인이 이 입장을 받아들이는 것도 아니고, 지난 수세기 동안 많은 그리스도인은 이러한 입장에 격렬하게 반대해 왔다. 반대로 신앙을 가진 사람 중에 종교적인 정치적 다원주의를 포용하는 사람들이 그리스도인만도 아니다. 특히 많은 유대교도, 불교도, 무슬림도 이런 입장을 받아들인다.[5]

다음은 쿠트브의 주장의 핵심을 정리한 것이다.

1. "알라 외에는 신이 없다"라는 무슬림들의 **기본적인** 신앙고백에 따르면 그들이 믿는 신은 지상에서 절대적인 주권을 가진다. 이 주장은 무슬림뿐 아니라 전통적인 유대교도나 그리스도인도 거부하지 않는 진리다. 그러나 이 세 아브라함계 종교의 신앙인들은 쿠트브가 이 주장으로부터 끌어내는 함의들에 심각한 문제가 있다고 생각할 것이다.

2. 알라 외에는 신이 없다는 주장은 쿠트브의 주장에 따르면 성직자나 정치인, 평범한 사람을 포함한 **모든** 인간적인 권위는 인정되지 않는다. (신의 말씀을 대언하는 예언자 무함마드를 제외한) 모든 인간의 권위는 우상이며 신의 유일성과 주권을 훼손한다.

3. 개인적 삶과 사회적 삶을 어떻게 살아가야 하는가에 대한 지침은 (예언자 무함마드를 통해 계시된 대로) 오직 신으로부터 온다. 한 분이신 신은 "자신의 신격(神格)을 다른 신과 결부시키는 것을 용서하지 않으시므로" 신은 "그가 계시한 삶의 방식을 다른 어떤 삶의 방식과 연합하는 것을 받아들이지 않는다."[6] 신 외에 다른 것에 근거한 명령에 순종하는 것은 다른 신을 섬기는 행위와 마찬가지로 우상숭배다.

4. 이슬람교는 하나의 신념 체계가 아니라 한 분이신 신의 지배에 전적으로 복종하는 삶의 방식이다. 무슬림 공동체는 "이슬람교로부터 기인한 삶의 방식, 생각, 개념, 규칙, 규율, 가치, 기준을 따르는 사람들의 집단을 일컫는다."[7]

쿠트브는 무슬림 공동체의 내적인 구성 원리를 다음과 같이 정리한다. "알라 외에는 신이 없다"는 말의 뜻은 "신 외에는 어떤 주권자도 없고 신으로부터 받은 계명 외에 어떤 법도 없으며 모든 권위는 전적으로 신에게만 속해 있으므로 어떤 인간도 사람에 대해 권위를 가질 수 없다."[8] 이러한 원리를 삶의 양식으로 받아들이는 공동체가 바로 무슬림 공동체다. 이 공동체는 배타적으로 모든 구성원의 삶의 영역을 규율한다. 이것이 무슬림 공동체의 내적 구성 원리다. 그렇다면 외적 관계의 원리는 어떠한가?

1. 무슬림은 신의 인도하심에 대해 무지한 어떤 공동체들과도 전적으로 관계를 끊도록 부름받았다.

2. 신은 한 분이시며 창조주이시므로 인간의 개인적이고 사회적인 삶을 규율하는 법은 소위 자연법과 마찬가지로 보편적이며 언제나 어디서나 이 두 법은 항상 적용된다.

3. "이 세상에서 이슬람의 가장 중요한 의무는 **자힐리야**(Jahiliyyah, 신의 인도하심에 대한 무지)를 인간적인 지도자들로부터 제거하는 것이며, 직접 정치권력을 취하고 영구한 가치가 있는 구체적인 삶의 방식을 시행하는 것이다."[9]

4. 무슬림은 "알라 외에는 신이 없다"는 믿음을 받아들이도록 부름받았다. 이 믿음은 강요될 수 없으므로 자발적으로 받아들여야 한다.

하나이신 신의 통치를 예언자 무함마드가 해석한 대로 받아들이며 전 세계에 부과하는 것이 쿠트브가 해석한 정치적인 이슬람의 사명이다. 이러한 해석에 따르면 이슬람의 삶의 방식을 실현하는 정치적인 질서 내에서만 종교적인 자유가 존재할 수 있다. 정치적 이슬람은 근원적으로 종교적이며 주류 이슬람과 달리 공격적인 전체주의적 특징을 보인다.[10] "이슬람의 본향(Dar-ul-Islam)이라고 불릴 수 있는 곳은 이 땅 위에 오직 한 곳만 존재한다." 그는 그의 입장을 정리하면서 다음과 같이 말한다.

> 그리고 그곳은 이슬람 국가가 세워지고 이슬람의 법인 샤리아가 권위를 가지며 신이 정한 한계가 지켜지며 모든 무슬림이 국가의 사무를 상호

협의하에 처리하는 곳이다. 세계의 다른 지역은 적대 세력의 땅(Dar-ul-Harb)이다.[11]

이것이 이슬람을 **대표하는** 입장이 아니라는 점을 다시 한 번 언급할 필요가 있다. 영향력 있는 종교적·세속적 학자들을 포함하여 대부분의 무슬림은 이런 입장에 동의하지 않는다. 이것은 이슬람의 **가장 극단적인** 입장이며 이 입장을 주도하는 사람은 제대로 된 교육을 받은 이슬람 학자가 아니다. 이러한 입장은 기독교를 포함한 다양한 종교 구성원이 과거에는 물론이고 지금도 지지하고 있는 종교적 전체주의의 한 예로서 제시될 수 있을 것이다.[12]

대안을 향하여

이 책에서 나는 하나의 종교가 공공 생활에 침투하는 전체주의적인 입장과 모든 종교를 공공 생활에서 배제하는 세속적인 입장 모두에 대한 대안을 개략적으로 제시하고자 한다. 나는 기독교 신학자로서 그리스도를 따르는 사람들을 대상으로 글을 쓴다. 모든 종교의 신자들에게 보편적인 종교인으로서 이 문제를 다루는 것은 근본적으로 실패할 수밖에 없다. 쿠트브의 입장을 좀더 깊이 파고들어서 구체적인 이슬람적인 대안을 제시하는 것은 이슬람 학자들의 몫이다. 나는 공공 생활에서 예수 그리스도를 따르는 사람들의 역할에 대한 비전을 제시하고자 한다. 세상에서 '배제'되는 위험과 세상 전체로 '침투'하는 위험 모두를 극복하는 비전 말이다.

종교와 정치를 포함한 문화에 대한 기독교 저술 중 가장 널리 언급되는 책은 리처드 니버(H. Richard Niebuhr)의 「그리스도와 문화」(Christ and Culture, IVP)다.[13] 니버는 1950년대 중반에 쓴 이 책에서 문화에 대한 그리스도인의 태도를 다섯 가지로 나누어 분석했다. '문화와 대립하는 그리스도' '문화에 속한 그리스도' '문화 위에 있는 그리스도' '문화와 역설적인 관계에 있는 그리스도' '문화를 변혁하는 그리스도'가 그것이다. 니버의 분류에 의하면 쿠트브의 입장은 종교와 문화 간에 구분된 정체성을 확립하면서 '문화와 대립하는 종교'라는 분리주의 입장과 '문화를 변혁하는 종교'라는 정치적 행동주의 입장을 결합한 것이라고 볼 수 있다.

니버가 제시한 유형이 시사하는 바와 같이 기독교 전통에는 다른 종교들에서도 그렇지만, 종교와 문화를 관련시키는 다양한 입장이 존재한다. 그리고 니버의 다양한 유형조차도 그가 의도했던 유형들을 분명하게 드러내기에는 지나치게 포괄적이고 추상적이다. 다섯 가지 문화에 대한 태도는 사실 그렇게 분명하게 구분되지 않고 하나의 범주 이상의 요소들이 서로 결합되어 나타나곤 한다.

나는 문화 전체와 기독교 신앙이 관련되는 또는 관련되어야 하는 방식이 하나만 있다고 생각하지 않는다(5장을 보라). 신앙과 문화의 관계는 매우 복잡하다. 신앙은 문화의 어떤 요소들과는 반대되고 어떤 요소들과는 중첩되지 않는다. 어떤 면에서 신앙은 문화의 여러 요소와 일치하는가 하면, 반대로 더 많은 문화 요소를 다양한 방식으로 변혁하기도 한다. 게다가 문화에 대한 신앙의 입장은 문화와 세월의 흐름에 따라 변화하기도 한다. 그러면 어떻게 문화에 대한 신앙의 입장을 정의할 것인가? 문화에 대한 신앙의 입장은 신앙 자체의 핵심에 의해 정의되며 또 그렇게 정의되어야 한다. 그 핵심이란 성육신하신 하나님의 말씀이며 세상 죄를 지고 가시는 하나님의 어린양이신 그리스도와의 관련성이다.

기독교 신앙의 핵심이 제시하는 더 넓은 문화와의 관계는 다음의 여섯 가지 내용으로 대략 정리할 수 있다.

1. 그리스도는 하나님의 말씀이며 하나님의 어린양이시며 이 세상에 하나님의 피조물이고 하나님의 사랑을 받는 모든 사람을 위해서 오셨다. 그리스도인의 믿음은 그러므로 세상을 고치고자 하는 '예언자' 신앙이다. 나태하거나 있으나 마나 한 신앙, 그래서 세상을 고치려 하지 않는 신앙은 심각한 기능장애를 일으킨 것이다(1장과 2장을 보라). 신앙은 교육, 예술, 경영, 정치, 커뮤니케이션, 연예 산업을 포함한 모든 영역에서 적극적이어야 한다.

2. 그리스도는 천국 복음을 선포하시고 적극적으로 사람들을 도우며, 경건치 않은 사람들을 위해서 죄인들이 당해야 하는 죽음을 당하셨다. 사역의 모든 면에서 그는 은혜를 가져오시는 분이셨다. 자신의 신앙과 그 신앙에 따르는 삶의 방식을 어떤 형태의 강제적인 방법으로 타인에게 강요하는 신앙은 심각한 기능장애에 빠진 것이다(1장과 3장을 보라).

3. 이 세상의 삶 속에서 그리스도를 따르는 것은 다른 사람들을 돌보는 것이며 그들의 번영을 위해 일하여 모든 이들의 삶이 풍성해지고 모든 사람이 그들의 삶을 어떻게 잘 이끌어 갈지 배우게 되는 것이

다. 인간의 삶의 번영과 공공의 선은 기독교 신앙이 공적 영역에서 제기하는 논쟁의 주된 주제다.

4. 이 세상은 하나님의 피조물이며 말씀이 자기 땅에 오셨지만 자기 백성이 영접하지 아니하였기에(요 1:11) 더 넓은 문화를 향한 그리스도인의 마땅한 태도는 세상을 완전히 반대하거나 전면적으로 변혁하는 것일 수 없다. 내부적으로 구분이 되어 있으며 빠르게 변화하는 문화의 다양한 요소를 받아들이고, 거부하고, 배우고, 변화시키고, 전복하거나 더 좋은 방향으로 사용하는 등 훨씬 더 복잡한 태도가 필요하다(5장을 보라).

5. 예수 그리스도는 신약성서에 "충성된 증인"(계 1:5)이라고 묘사되어 있으며 그를 따르는 사람들도 스스로를 증인이라고 이해한다(행 5:32). 그리스도인이 인간의 번영을 위해 일하는 방식은 그들이 생각하는 인간의 번영과 공공선의 비전을 강요하는 것이 아니라 선한 삶을 이 세상에 실현하시는 그리스도에 대한 증인이 되는 것이다(6장을 보라).

6. 그리스도는 정치적 질서를 위한 청사진을 가지고 오시지 않았다. 다양한 정치 질서는 기독교 신앙과 병립할 수 있다. 그러나 다원화된 세상 속에서 "무엇이든지 남에게 대접을 받고자 하는 대로 너희도 남을 대접하라"(마 7:12)는 그리스도의 명령에는 그리스도인이 다른 신앙 공동체들에게 자신들이 스스로를 위해 요구하는 것과 같은 종교적·정치적인 자유를 부여하는 것이 포함된다. 다시 말해서 배타적인 신앙을 가진 사람들이라 할지라도 그리스도인은 정치적 기획으로서 다원주의를 포용해야 한다(7장을 보라).[14]

이것이 종교적인 전체주의에 대한 대안으로 내가 제시하는 내용의 대략이며 이 책의 주요 내용이다.

나는 이 책에서 다음 세 가지 간단한 질문에 대해 탐구하고자 한다.

1. 기독교 신앙은 오늘날의 세계에서 어떤 방식으로 기능장애를 일으키며 우리는 이러한 기능장애에 어떻게 맞서야 하는가?(1-3장)

2. 그리스도를 따르는 이들은 오늘날 세계에서 잘 살기 위해 어떤 관심을 가져야 하는가?(4장)

3. 그리스도를 따르는 이들은 오늘날의 세계에서 잘 살고자 하는 비전을 실현하기 위해 같은 국가의 지붕 아래에서 함께 살아가는 다른 신앙을 가진 사람들과 어떻게 살아가야 하는가?(5-7장)

이런 간단한 질문에 대답하는 과정에서 나는 공적 영역에서 종교를 배제하려는 세속적인 입장과 모든 형태의 '종교적 전체주의' 양자에 대한 대안을 제시하고자 한다. 기독교의 신념을 약화시키지 않고 오히려 확실하게 지키며 그것을 기쁘게 실천하는 데 도움을 주는 그런 대안을 말이다.

1부 신앙의 기능장애에 맞서

1장
신앙의 기능장애

내가 소장으로 있는 예일 대학교 신앙과문화연구소(Yale Center for Faith and Culture)를 대중에게 소개할 때 나는 연구소의 문장(紋章)을 보여 주곤 한다. 방패처럼 생긴 남색 바탕 안에 아무것도 적히지 않은 흰 종이와 녹색 잎사귀가 좌우로 펼쳐져 한 권의 책을 형상화하고 있는 모습이다. 나는 청중에게 이 문장이 어떻게 보이느냐고 묻는다. "책에서 새로운 생명이 싹트는 모습 아닌가요?"라고 되묻는 사람이 있는가 하면 "배움의 책을 상징하는 것 같네요"라고 말하는 사람도 있다. 또 어떤 이는 문양을 신앙의 본질과 관련지으면서 "아뇨, 그건 하나님의 말씀 같은데요"라고 해석하기도 한다. 그러면 또 다른 사람이 이 상징물이 다양한 의미를 지니나 연구소 이름이 신앙과 문화를 포함하고 있음을 상기시키며 "두 가지 모두를 의미하는 것 같아요"라고 의견을 제시한다.

"그러면 이 녹색 잎사귀는 무엇일까요?"라는 내 질문에 "그건 성서로부터 그러니까 신앙으로부터 자라난 문화가 번성하는 것을 의미합니다"라고 누군가 모든 논점을 연결해 대답한다.

그들의 이야기를 받아 나는 설명을 잇는다. "그렇습니다. 이 잎사귀는 요한계시록 마지막에 나오는 생명나무를 상징하는 것으로, 그 나무의 잎사귀는 열방을 치유하기 위한 것입니다." 이것이 신앙과문화연구소가 설립된 이유다. 즉 삶의 모든 영역에서 기독교 신앙을 실천하여 우리의 개인적인 삶과 문화에서 어그러진 모습을 바로잡고 우리 모두가 하나님의 피조물로서 번성하도록 돕는 것이다. 유한하고 연약하고 결함투성이지만 영광스러운 피조물로 말이다. 이것이 바로 예언자적 종교인 기독교 신앙이 의미하는 바다.

기능장애

기독교의 오랜 역사는 성인과 사상가들, 예술가와 건축가들, 개혁가와 보통 사람들이 이루어낸 놀라운 성취로 가득하다. 물론 기독교가 예언자적 종교로서 기준에 도달하지 못한 때도 있었다. 세상을 고치지 못하고 인간 삶의 번영을 돕지 못하는 일도 잦았다. 세상을 파괴하고, 새롭고 아름다운 시도들이 뿌리내리기도 전에 질식시키고, 선하고 진실된 것을 짓밟아 버리기도 했다. 그때 신앙은 선한 삶이 번성하도록 돕는 신선한 샘물이 되기보다 독이 든 우물이 되어 그 물을 마시는 사람들에게 어떠한 악덕보다도 더 큰 해를 끼쳤다. 이것이 기독교를 격렬히 비난했던 프리드리히 니체(Friedrich W. Nietzsche)가 그의 마지막 작품이자 분노한 예언자의 목소리를 담아 펴낸 「안티크리스트」(*Antichrist*, 책세상)에서 했던 말이다.[1]

사실 믿음의 해로운 영향 중 일부는 대개 관점의 차이에서 기인한다. 니체의 경우 권력을 높이 평가했기 때문에 기독교가 '왜곡되고 연약한 존재들을 향한 지나친 동정심'[2]을 가지고 있다고 비웃었지만, 그의 권력의지와 그리스도의 긍휼은 상충하는 가치이므로 당신이 니체의 반신앙적 가치에 동의하지 않는다면 그의 결론을 수용할 이유는 없다.

낙태를 예로 들어 보자. 당신이 아직 태어나지 않은 생명을 인간으로 보고 존엄하다고 생각한다면 어머니로서 선택할 수 있는 권리를 아직 태어나지 않은 생명에 대한 존중보다 우선시하는 신념은, 인간의 생명이 연약할 때 자행하는 자기중심적이고 억압적이고 폭력적이며 심지어 살인적인 행위가 된다.[3] 반대로 아직 태어나지 않은 생명은 인간이 아니라고 생각하면, 임산부의 행복을 희생하면서까지 생명을 보호하려는 신념은, 임산부에게는 무례하고 억압적이며 폭력적인 행위가 될 수 있다.[4]

하지만 기독교가 원래의 역할을 감당하지 못한 것이 관점의 문제만은 아니다. 그리스도를 따르는 사람들이 어떻게 공공선을 위해 봉사할 수 있는지 숙고하려면, 기독교가 초래한 잘못된 결과들을 더 진지하게 생각할 필요가 있다. 나는 이러한 현상을 '기능장애'라고 부르는데, 기독교 신앙이 보여 온 이 현상에 대해 1-3장에서 검토하려 한다. 나는 종교 자체, 특히 기독교 신앙 자체를 인간의 거대한 정신적·문화적 기능장애일 뿐이라고 믿는 루트비히 포이어바흐, 카를 마르크스, 프리드리히 니체, 지그문트 프로이트 같은 종교 비판가의 후예들이 제기하는 논점들을 다루지는 않을 것이다. 그들에게는 올라가야 할 하늘도, 만나야 할 하나님도 없고, 오직 이 세상, 즉 측량할 수 없이 광대하고 냉정한 우주만이 존재할 뿐이다. 궁극적인 실재가 존재하지 않는데도 존재한다고 믿는 것보다 더 해로운 것은 절대적인 신념으로 완고하게 신(神) 부재의 원리에 따라 세상을 구성하려는 것이다. 이런 비판가들의 관점에서 보면 종교는 억압적인 비합리성의 절정이다. 오히려 나는 종교 자체를 기능장애라고 보기보다는 종교, 그중에서도 기독교가 기능장애를 일으키는 다양한 현상에 집중하려 한다.

2부에서는 신앙의 기능장애를 극복하려면 그리스도인들이 하나님에게, 그리고 인간의 번영을 적절하게 이해하는 데 집중해야 한다는 점을 보여 주고자 한다. 이 세상과 내세에서 인간의 번영을 위한 하나님의 도구가 되는 것이 궁극적으로 예언자적 종교로서 기독교가 존재하는 이유이기 때문이다.

예언자적 종교들

기독교 신앙의 기능장애를 이해하는 데 예언자적 종교와 신비주의적 종교라는 오래된 구분을 사용하는 것이 도움이 된다. 전자는 이 세상의 적극적 변화를 추구하고 후자는 신에게로 영혼의 도피를 추구한다.[5]

지금 예루살렘의 바위사원(the Dome of the Rock)이 있는 곳에서 예언자 무함마드가 7층천을 거쳐 신의 존전(尊前)으로 올라갔다는, 무슬림에게 널리 퍼져 있는 믿음에 관해 주석하면서 위대한 수피즘 신비가인 간고흐의 압둘 쿠두스(Abdul Qudus of Gangoh)는 다음과 같이 말했다. "아라비아의 무함마드는 하늘 가장 높은 곳으로 올라갔다 돌아왔다. 내가 그곳까지 도달했다면 신에게 맹세코 다시 돌아오지 않았을 것이다." 쿠두스의 진술은 예언자적 종교와 신비주의적 종교 두 유형 간의 기본적인 차이를 드러낸다. 파키스탄의 이슬람 철학자이자 정치가인 무함마드 이크발(Muhammad Iqbal)이 쓴 「이슬람 종교 사상의 재구성」(The Reconstruction of Religious Thought in Islam)이라는 책에 다음과 같은 글이 있다.

> 신비가들은 "일치 경험"의 평온함으로부터 돌아오기를 원하지 않는다. 그리고 돌아와야만 할 때도 그것이 인류 전체를 위해서는 별 의미가 없다. 그러나 예언자 무함마드의 회귀는 창조적인 사건이다. 그는 돌아와서 역사를 주도하는 세력을 통제하고 새롭고 이상적인 세상을 창조하고자 시간의 격랑 속에 자신을 던졌다. 자신의 종교적 경험이 이 세상 속에서 살아 있는 능력으로 변화하는 과정을 확인하는 것이 그에게는 가장 중요한 욕구였다. 그러므로 무함마드의 회귀는 그의 종교적인 경험이 지니는 가치의 실제적인 측면을 보여 주는 시금석이 된다.[6]

우리가 이크발의 주장을 이슬람교만이 아니라 예언자적 종교 일반에 적용하려 한다면, 예언자들이 '역사를 주도하는 세력을 통제하려는' 야망을 반드시 가져야 하는지, 종교적인 경험을 '이 세상 속에서 살아 있는 능력'으로 변화시키려는 욕망이 그들의 삶에서 그렇게 중요한 것인지, 또 '그의 종교적인 경험이 지니는 가치의 실제적인 측면을 보여 주는 시금석'이 무엇인지에 관해 구구절절 시비를 걸 수도 있을 것이다. 그럼에도 이크발의 기본적인 논점은 이슬람을 넘어서는 관심을 유발할 뿐 아니라 이슬람을 넘어서 포괄적인 적용 또한 가능하다. 예언자적 종교는 이 세상으로부터 신의 품 안으로 도피하려 하는 신비주의적 종교와 달리 신의 이름으로 세상을 변화시키는 것이 목적이다.

이슬람교나 유대교와 마찬가지로 기독교는 예언자 유형의 종교다. 아브라함 전통이라고 일컫기도 하는 이 위대한 신앙들은 예언적 비전의 본질에 있어서, 그리고 그 비전을 실현하기 위해 세상 속으로 들어가려는 방법에 있어서 조금씩 차이를 보인다. 그러나 세 종교는 진정한 종교적 경험이 세계를 형성하는 힘이 되어야 한다는 점에서 일치한다. '일치 경험'은 매우 중요하지만 그 자체가 목적은 아니다. 일치 경험의 목적은 부분적으로는 예언자를 이 세상으로 되돌려보내는 데 있다. '상승'(ascent)은 본질적인 것이지만 반드시 '회귀'(return)가 뒤따라야만 한다.

히브리 성서에 의하면 모세는 시내 산에 올라갔다가 율법이 적힌 서판을 가지고 돌아왔다(출 24:12-13, 32:15-16). 이슬람교의 창시자에 대한 진정성 있는 이야기가 담긴 하디스에 따르면, 무함마드는 신의 존전으로 올라갔다가 세상을 변화시킬 사명을 감당하기 위해 돌아왔다. 이것과 유사한 구조가 제한적인 의미에서 그리스도인들이 한 명의 예언자가 아니라 육신이 되신 말씀이라고 믿는(요 1:14) 예수 그리스도에게도 적용된다. 그는 변화 산으로 올라갔다가 악에 의해 지배되는 세상을 고치기 위해 돌아왔다(마 17:1-9, 막 9:2-9, 눅 9:28-37). 더 근본적으로 예수는 치유와 구원을 가져다주기 위해(요 8:23) '위로부터' 왔고, 지상에서 여정을 끝낸 후에 하늘로 올라갔으며, 이 세상을 심판하고 변화시키기 위해 다시 돌아올 것이다(마 25:31-46, 살전 4:15-17, 계 21:1-8).

기독교 신앙이 신비주의 종교처럼 실천되어서 상승이 창조적인 회귀로 이어지지 않고 **황량한** 회귀가 될 때 기능장애가 일어난다. 이때 회귀는 세상을 위한 긍정적인 목적이 아니라 혈과 육을 지닌 인간으로서 시간을 초월하는 연합의 경험을 지속할 수 없기 때문에 불가피하게 일어난다. 그러나 신앙의 신비주의적인 기능장애는 오늘날 큰 문제가 되지 않는다. 신비주의적 신앙이 지금도 존재하지만 '실천적인 불교'(engaged Buddhism)의 경우처럼 전통적으로 신비주의적인 신앙이 예언자적인 차원을 획득하기도 한다.[7] 기독교 신앙에서 신비주의적 기능장애는 오늘날 드물게 나타나며 상대적으로 중요하지 않다. 그러므로 잠시 이 문제에 관한 논의를 떠나 더 중요한 기능장애로 관심을 돌려도 큰 문제는 없을 것이다.

상승과 회귀

모세와 예수, 무함마드가 보여 주는 바와 같이 예언자적 종교에서 '상승'과 '회귀'는 모두 중요하다. '상승'은 신과의 만남을 통해 예언자적 종교의 대표자가 메시지를 받고 그들의 핵심적 정체성이 형성되는 시점이다. 상승은 신과의 신비적 연합으로 이루어질 수도 있고, 예언적 영감이나 경전을 깊이 이해함으로써 이루어지기도 한다. 상승은 **수용적인** 사건이다. '회귀'는 이 세상 속에서 메시지가 전파되고 실행되며 종교의식(儀式)이나 제도로 만들어지거나 율법으로 구체화되는 시점이다. 그러므로 회귀는 **창조적인** 사건이 된다.

나는 상승은 수용적이며, 회귀는 창조적이라고 설명했다. 이것은 상승과 회귀 시 일어나는 현상의 핵심에 초점을 맞출 때는 적합한 설명이 된다. 그러나 '상승'이 **단지** 수용적이기만 한 것은 아니다. 메시지와 영감을 받으며 예언자 자신이 변화되거나 새로운 통찰력을 얻기도 하고 성격이 바뀌기도 한다. 그러므로 상승은 매우 창조적이며 창조적 수용성을 보여 주는 사례라고 할 수도 있다. 마찬가지로 '회귀'도 예언자들이 사회적 현실을 일방적으로 변화시키는 창조적인 사건만은 아니다. 그들 자신이 그 과정에서 변화되기도 하기 때문에 회귀는 수용적인 창조성을 나타내는 사례가 되기도 한다.

이렇게 예언자적 수용성과 창조성을 이해하기가 복잡하긴 하지만, 우리는 좀더 단순하게 '수용적인 상승' 없이 신으로부터 세상을 변화시킬 메시지를 받을 수 없고, '창조적인 회귀' 없이 세상을 변화시킬 참여가 일어나지 않는다고 말할 수 있다. 둘 중 하나라도 생략된다면 더 이상 예언자적 종교가 아니다. '상승'과 '회귀'가 함께 있어야 예언자적 종교를 살아 있게 만드는 고동치는 심장을 만들어 낼 수 있다. '예언자적' 종교와 '신비주의적' 종교는 서로 대립하는 양태이지만, 신비적인 종교 경험과 세상 속에서의 참여는 예언자적 형태의 종교에서 필수적인 요소다.

지금까지 나는 주로 아브라함 전통에 속한 신앙의 창시자들에 관해 이야기했고, 예언자적 종교로서 신앙의 일반적인 특징에 관해 설명했다. 평범한 신자나 그들의 지도자에 관해서는 언급하지 않았다. 그러나 그들도 중요하다. 종교가 예언자적 특징을 유지하려면 평범한 신자나 그들의 지도자가 위대한 창시자에게 일어났던 '상승'과 '회귀'를 자신의 방식으로 모방할 수 있어야 한다. 실제로 예언자적 종교가 지닌 신앙의 특징이 지속될 수 있는 까닭은 평범한 사람들에게 일어나는 상승과 회귀 경험 때문이다. 창시자들은, 외부자들이 이 종교가 진리를 드러내고 종교의 기능이 사회적으로 유익하다고 느끼는지 여부에 상관없이 내부적이고 독립적으로 종교의 고유한 기능을 제정한다. 일반 신자와 지도자는 이후의 역사 속에서 이 기능을 창조적으로 수행하기도 하고 종교적인 기능장애를 일으키기도 한다. 대개 그들은 동시에 두 가지를 다 행한다.

예언자적 종교의 두 가지 핵심인 '상승'과 '회귀'는 예언자적 종교들이 심각한 기능장애를 일으키는 지점이기도 하다. 따라서 기능장애를 '상승 기능장애'와 '회귀 기능장애'라는 두 범주로 나누어서 살펴볼 수 있다.

상승 기능장애

상승 기능장애는 예언자가 신과 만나 메시지를 받는 과정에 장애가 생기면서 발생한다. 이러한 기능장애에는 다음 두 가지가 있다.

기능 축소

상승 기능장애는 우선 신앙의 **기능 축소**라는 형태로 일어난다. 이는 예언자적 종교의 수행자가 신과의 만남 그 **자체**의 의미에 대한 믿음을 잃음으로써, 겉으로 보기에 종교적 언어를 사용하여 전망하고 실천하나 실상은 그 내용과 추진하는 방법이 신앙의 핵심에 근거하지 않을 뿐 아니라 신앙의 핵심과 필연적으로 연결되어 있지 않을 때 일어난다. 사실상 상승은 일어나지 않았다. 그럼에도 상승을 **위장하여** 신의 이름으로 말하고 행동하는 척하면서 신앙과 상관없이 이미 정해 놓은 목적을 추구한다. 이런 '예언자'들은 신을 존중하지 않으며 단지 신이 대중에게 가지는 권위를 이용할 뿐이다. 그들은 살아 있는 신을 예언자가 사용하는 종교적 언어의 한 기능으로 축소시킨다.

대개 기능 축소는 잘못된 신앙의 사례는 아니다. 예언자적 종교의 대표자들이 스스로 무의미하다고 여기는 종교적 상징들을 사용해서 사람들을 조종하는 냉소적인 행위를 하는 경우는 거의 없다. 실상은 더 미묘한 일들이 벌어지게 된다. 신에 대한 언어가 신뢰의 상실이나 일관성 없는 사용 때문에 점차 안에서부터 비워져 결국 껍데기만 남고 만다. 그리고 껍데기는 더 유용하다고 생각되는 것에 뒤덮이게 된다. 예언자들은 노먼 빈센트 필(Norman Vincent Peale) 박사의 글과 같은 심리학이 주는 지혜나 또는 노엄 촘스키(Noam Chomsky) 같은 학자의 사회현상에 대한 분석에서 주워들은 이야기들을 마치 자신의 영감인 것처럼 신뢰하면서 설교할 뿐, 신앙 안에 어떤 문제에 관해 구체적으로 이야기할 내용이 있다고는 전혀 기대하지 않는다. 우리가 기독교 신앙을 도덕적 가르침의 일종이 아니라 이 세상의 창조자, 구속자와 완성자에 대한 예언자적 '신앙'이라고 이해한다면, 껍데기만 남은 설교를 통해 고의든 아니든 심각한 기능장애가 일어나게 된다.

니체는 「즐거운 학문」(The Gay Science, 책세상)이라는 책의 유명한 구절에서 신의 살해(신의 죽음이 아니라 신의 살해다!)에 관해 이야기하면서 교회를 향해 '신의 무덤'이라는 인상적인 표현을 사용했다.[8] 니체가 염두에 둔 것은 아니었지만, 이 표현은 상승을 위장하는 기능 축소가 일어날 때 교회와 종교적인 언어가 어떻게 변모하는지를 잘 보여 준다. 예언자들이 신의 살아 있음을 포기했기 때문에 교회와 종교적인 언어는, 한때 사람들과 그들이 살아가는 사회적인 현실을 역동적으로 형성했던 신이 이제는 죽어서 묻혀 있는 곳, 더 이상 세상을 변화시키는 실재가 아니라 기억만 남은 장소가 되어 버린다.

우상으로 대체함

상승 기능장애의 두 번째 유형은 **우상으로 대체하는 것이다.**[9] 기독교 신앙의 상당한 부분은 하나님의 뜻을 적절히 찾아내고 분별하는 데 달려 있다. 예언자들이 그분의 이름으로 말하고 행동하기 때문이다. 그러나 신약성서에 의하면 신은 가까이 가지 못할 빛에 거하는 분이시고(딤전 6:16), 경전은 해석하기가 무척 어렵다. 신의 이름으로 세상에 참여해야 하지만 그 이름을 찾기가 어렵고, 찾는다 해도 사람들을 불편하게 할 뿐 아니라 그들이 이미 찾아내고 분별했다고 생각한 신의 뜻에 대한 확신에 반대되기도 한다. 이 때문에 예언자들은 신의 이미지를 그들이 상상한 한 형상으로 변형해 버리기도 한다. 하나님의 실재를 차단해 버리고 그 대신 자신들이 만들어 낸 이미지를 그 자리에 갖다 놓는 것이다.

히브리 성서의 금송아지 이야기에서 이러한 우상숭배의 전형을 찾아볼 수 있다. 모세는 하나님과 함께 있기 위해 산으로 올라가서 하나님으로부터, 백성을 교훈하기 위해 "율법과 계명을 친히 기록한 돌판"을 받았다(출 24:12). 이스라엘 사람들은 모세가 돌아올 때까지 기다리지 못하고 아론에게 강요해 '그들을 인도할' 신을 만들어 달라고 했다(출 32:1). 아론은 이스라엘 백성의 금을 모아 '송아지의 형상으로' 그들을 위한 신을 만들었다. 하나님의 손으로 쓰인 돌판을 들고 산에서 내려온 모세는 이 배반의 모습을 보고 분노했다. 이스라엘 백성이 그들을 이집트에서 구원하신 야훼 하나님을 금송아지로 대체해 버렸기 때문이다.

조금 다른 장면을 상상해 보자. 아론과 이스라엘 백성이 인내심을 가지고 신실하게 모세가 돌아오기를 기다렸다. 마침내 그들은 산에서 내려오는 모세를 보았다. 그런데 모세는 돌판 대신 금송아지를 가지고 왔다. 그들은 모세가 이렇게 말하는 것을 듣는다. "이스라엘 백성아, 이것이 너희를 이집트 땅에서 이끌어 낸 너희의 신이다." 이는 예언자 자신이 신을 우상으로 대체하는 일을 저지르는 것이다. 그는 하나님을 만나기 위해 산으로 올라갔다. 그러나 우상을 가지고 돌아왔다. 과연 이런 일이 불가능하겠는가? 이렇게 유치한 방식은 아니라 해도, 평범한 예언자 중에 그래도 최고라고 불리는 사람들에 의해 이런 일이 매일같이 일어나고 있다. 어느 날 예언자들이 산에서 돌판을 가지고 내려올지도 모른다. 그런데 돌판에는 진정한 이스라엘의 하나님이 아닌 금송아지와 관련한 내용이 담겨 있다. 예를 들어 "자기 십자가를 지고 나를 따르라"는 말씀이 이상한 연금술을 통해 "내가 너를 승리하게 하리라"[10]는 말로 변형되고 십자가가 적대감을 극복하는 창조적인 사랑이 아니라 파괴와 폭력의 상징이 되어 버린다.

회귀 기능장애

모든 상승의 기능장애는 동시에 회귀의 기능장애가 된다. 예언자들이 신의 산으로 올라갔다고 위장하든지 아니면 신의 말씀 같아 보이나 사실은 금송아지로부터 받은 메시지를 가지고 산을 내려올 때 **회귀**는 현실과의 타협이 되고 만다. 예언자들이 세상을 변혁할 수도 있다. 그러나 신은 이 변혁에 관여하지 않는다. 예언자들은 세상을 자신의 이름이나 다른 낯선 신의 이름으로 변혁할 뿐이다.

상승과 관련되지 않지만 회귀의 진정성을 훼손하는 기능장애도 있다. 이 '회귀 기능장애'는 주로 두 가지 형태로 일어난다. 하나는 신앙의 나태요, 또 하나는 신앙의 강요다. 각각은 기독교 전통에서 구분되어 온 두 가지 죄악과 관련된다. 하나는 부작위(不作爲)의 죄(sins of omission)로 우리가 해야 할 일을 하지 않는 것이고, 또 하나는 작위(作爲)의 죄(sins of commission)로 우리가 해서는 안 될 일을 행하는 것이다.[11] 이 책의 2장과 3장에서 신앙의 나태와 신앙의 강요에 관해 주로 다루려 한다. 여기서는 먼저 예언자적 종교로서 기독교 신앙의 기능장애라는 더 넓은 틀에서 이 개념들을 설명하고자 한다.

신앙의 나태함

회귀 기능장애의 첫 번째 현상은 **신앙의 나태함**이다. 기독교 신앙의 주된 목적은 개인과 공동체의 삶을 형성하는 것이다. 그러나 다양한 모습의 삶 속에서 신앙이 나태해져 마치 눈 속에 갇힌 자동차의 바퀴처럼 헛도는 경우가 빈번하다. 물론 신앙의 나태함이 모든 영역에서 나타나지는 않는다. 만일 모든 영역에서 그러하다면 신앙은 폐기되어 버릴 것이다. 아무것도 하지 않는 신앙은 무의미하기 때문이다.

때로 신앙은 **유혹의 미끼** 때문에 나태해진다. 높은 도덕적인 수준의 삶을 살겠다고 하는 사람들도 사업상의 횡령이나 결혼에서의 부정, 학문에서의 표절, 종교적 권위의 남용이나 이와 유사한 일들 앞에서 유혹에 무너진다. 신앙은 그리스도인에게 신실한 삶을 살도록 요구하지만 우리는 악의 유혹 앞에서 무기력함을 느낀다. 유한하고 연약하여 넘어질 수밖에 없기 때문에 우리는 권력과 소유와 영광의 유혹에 쉽게 굴복한다.

악에 대한 굴복은 인간성만큼이나 오래된 것이다. 그러나 유혹에 대한 승리도 그러하다. 신실한 삶을 살기 위해 무엇이 옳고 무엇이 그른가를 아는 것, 즉 도덕적 교육이 중요하다. 그러나 옳고 그름을 **아는 것만으로는 충분하지 않다**. 고상한 인격이 도덕적 지식만으로 이루어지는 것은 아니다. 그 이유는 분명하다. 사도 바울이 로마서 7장에서 고백하는 바와 같이 잘못을 저지르는 사람들은 무엇이 옳은지를 알면서도 어쩔 수 없이 그 반대편으로 끌려간다. 인격이 움츠러드는 곳에서 신앙은 나태해진다.

현대사회에서는 신앙이 **체제의 힘** 때문에 나태해지는 경우가 빈번하다. 유혹의 미끼는 우리를 둘러싸고 우리를 그 속의 한 부분으로서 기능하게 하는 체제의 힘에 의해 증폭된다. 이러한 체제는 우리의 삶 대부분의 영역 속에, 특히 무소부재하다고 할 수 있는 시장 속에, 생각과 재화와 용역과 정치적 영향력의 시장 혹은 대중매체의 시장 속에 존재한다.

막스 베버(Max Weber)는 고전이 된 「프로테스탄트 윤리와 자본주의 정신」(The Protestant Ethic and the Spirit of Capitalism, 길)이라는 책 말미에 현대사회의 시장을 '쇠창살'이라고 말했다.[12] 그가 생각한 내용을 대략적으로 말하면 다음과 같다. '당신이 게임을 할 때 미리 정해진 규칙을 따라야 하듯이 시장의 경우 이익을 극대화하는 것이 규칙이다. 이 규칙이 도덕적 분별력을 대신하여 시장이라는 게임이 어떻게 진행될지를 결정한다.' 시장은 당신에게 덫이 되어 그 규칙에 따라 행동하도록 강요한다. 어떤 사람들은 대규모의 관료제도 이와 유사하게 운영된다고 주장한다.[13] 개인으로서는 결코 하려고 하지 않을 일들을 부대 안에서 군인은 기꺼이 하고자 한다. 그는 단지 명령을 따를 뿐이고 체제가 그에게 부여한 역할을 담당하는 것뿐이다.[14]

이런 상황에서 신앙은 사람들의 삶과 사회적인 현실을 형성하는 데 완전히 실패한다. 대신 신앙생활은 좁은 영역에 한정되어 영혼이나 개인 윤리 또는 가족과 교회에 관련한 일들에 국한된다. 그 결과 예언자적 종교라면 적극적으로 영향력을 행사해야 하는 중요한 영역들에서 신앙은 나태해지고 만다.

이렇게 신앙생활의 영역이 제한된다는 것, 특히 근대성의 조건들 아래서 그렇게 된다는 것은 놀라운 일이 아니다. 다양하고 상대적으로 자율적인 영역들로 구획된 현대사회는 많은 신을 섬긴다.[15] 정치, 법, 비즈니스, 미디어 등 각각의 영역이 참여자들에게 고유한 규칙을 부과한다. 이 새로운 다신교 사회에서는 일터에서 섬기는 신과 가정이나 교회에서 섬기는 신이 다르다. 각 영역은 하나의 신이 모든 삶의 영역을 형성한다는 주장을 인정하지 않는다.[16]

현대사회에서 신앙생활을 하는 대부분의 사람들은 서로 다른 영역이 요구하는 충성심의 강요를 경험하고 있다. 많은 사람이 이에 굴복하지만 여전히 많은 사람은 저항하고 있다. 저항하는 이들은 자신들이 소중히 여기는 종교적인 확신과 충돌하는 규칙에 따라 게임하기를 거부한다. 그들은 일터에서부터 개혁하고자 노력하고, 사회에 참여하는 더 공정한 규칙을 만들어 내고자 한다. 그들이 믿는 신앙의 주장과 일터의 요구가 일치하도록 대안적인 제도를 마련하기 위한 노력도 한다. 이들은 영혼의 내밀한 성소(聖所)에서나 개인적인 삶에서나 혹은 같은 사고방식을 가진 사람들끼리 교회에 모일 때만이 아니라 일상적인 활동을 하며 하루하루 살아가는 다양한 장소에서도 신앙을 따라 살아가고자 하기 때문이다.

신앙의 나태함이 **신앙에 대한 오해**에서 비롯되기도 한다. 신앙이 어떻게 기능해야 하는지 제대로 이해하지 못하기 때문에 유혹과 체제의 힘이 더 커지는 것이다. 이러한 상황에서 때로 신앙은 현실을 형성하는 데 실패하는 대신 신자들에게 다른 측면의 유익을 제공한다. 「헤겔 법철학 비판」(*Towards a Critique of Hegel's Philosophy of Right*, 이론과실천)이라는 좀 어울리지 않는 제목의 책에서 젊은 카를 마르크스는 종교, 특히 기독교 신앙에 대해서 '민중의 아편'이라는 유명한 말을 남겼다.[17] 종교는 일종의 '진정제' 혹은 '신경안정제'로서 사람들을 억압적인 사회 현실의 고통으로부터 차단하여 보호하고 천상의 기쁨을 주는 꿈의 세계를 통해 위안을 받게 한다. 한편 종교는 사람들을 자극하는 '환각제' 혹은 '흥분제'가 되어 사람들이 해야 할 일을 하게 하는 에너지를 주기도 한다. 마르크스는 종교의 이런 기능은 이해하지 못했다.

그러나 마르크스가 놓친 가장 중요한 점은 기독교 신앙이 진정제 혹은 흥분제로서 기능하는 것이 그 본연의 모습이 아니라 기능**장애**를 일으킨 상태라는 사실이다. 이러한 실수는 마르크스 같은 기독교 비판가들한테서만 나타나는 것은 아니다. 구약성서의 선지자 시대로부터 오늘날에 이르기까지 신앙을 가진 대부분의 사람들이 중요한 사실을 놓치고 있다. 이들은 신앙을 일종의 약물로 사용하고 있다. 이는 본질적인 의미에서 볼 때 개인적이고 사회적인 삶을 변화시키는 데 아무런 효과가 없는 나태한 신앙일 뿐이다.

진정제나 신경안정제 정도로 한정되거나 어떤 일을 하도록 에너지를 불어넣는 흥분제로 국한될 때는 신앙이 기능장애를 일으킨 상태라고 말하고 있음에 주목해 주기 바란다. 성경에는 신앙의 두 가지 기능에 부합하는 두 가지 전통이 있다. '구원'의 전통과 '축복'의 전통이다. 신앙은 거칠고 장애물이 많은 일상생활에서 상처받고 실망하여 상한 우리의 몸과 영혼이 회복되도록 돕는다. 신앙은 또한 우리에게 힘을 불어넣어서 우리의 과업을 훌륭하게 수행하도록 힘과 집중력과 창의성을 부여한다.

그런데 왜 신앙이 이런 일을 할 때 기능장애를 일으킨 상태라고 말하는가? 문제를 이렇게 다시 정리해 보자. 신앙이 **단지** 치유하거나 힘을 북돋워 주기만 한다면, 신앙이란 필요할 때 우리가 마음대로 사용할 수 있는 목발과 같은 도구가 될 뿐 우리가 걸어가야 하는 인생의 길이 되지는 못 한다. 예언자적 종교로서 기독교 신앙은 삶의 길이 되지 않으면 그 길에 대한 풍자가 될 뿐이다. 야고보서의 표현을 따라

잘라 말하자면 나태한 신앙은 기독교 신앙이 아니다.

신앙은 (1) 우리로 하여금 여행을 떠나게 하고 (2) 그 길을 인도하며 (3) 우리의 걸음걸음마다 의미를 부여할 때라야 고유한 과업을 수행하는 것이다. 우리가 신앙을 받아들이고 **하나님**이 **우리**를 받아들이실 때 우리는 새로운 피조물로 지음받게 되고 하나님 백성의 일원으로 부름받는다. 이렇게 여행이 시작되고 하나님이 인간 세상으로 들어오시는 이야기 안으로 들어가게 된다. 우리가 여행을 시작하면 신앙은 우리 삶의 여로가 되어 어떤 곳으로 가야 하고, 어떤 어두운 골짜기와 막다른 골목을 피해야 하는지 알려 주며, 부름을 받은 위대한 이야기에서 우리가 맡은 과업이 무엇인지 알려 준다. 그리고 마침내 이 이야기는 우리가 하는 일들, 가장 하찮은 일에서부터 가장 중요한 일에 이르기까지 모든 일에 의미를 부여한다. 우리가 하는 일이 이 이야기에 부합하면 그 일은 의미 있는 일이 되고 변치 않는 금처럼 빛날 것이다. 반면 우리가 하는 일이 이 이야기와 충돌한다면 우리가 해 본 어떤 일보다 스릴이 넘치고 보람 있는 활동일지라도 결국은 무의미하게 되며 지푸라기와 같이 불타 버릴 것이다.

기독교 신앙이 이 세상에서 나태해지지 않으려면 의사든지 넝마주이든지, 기업체의 중역이든지 예술가든지, 가사를 돌보든지 과학을 연구하든지, 이 세상에서 하나님의 이야기 속으로 들어와야 한다. 이 이야기는 세상의 모든 영역에서 벌어지는 게임의 가장 기본적인 규칙을 제공한다. 그리고 이 이야기는 게임에 참여하는 모든 사람의 인격을 형성한다.

신앙의 강요

회귀 기능장애의 두 번째 현상은 **신앙의 강요**다. 이 경우에 신앙은 나태하다기보다 지나치게 적극적이어서 원하지 않는 사람들마저 강제적으로 복종시킨다. 현대사회에서 기독교 전통은 회귀 기능장애의 두 극단을 오간다. 나태함을 극복하고자 신앙을 강요하거나, 강요하지 않으려다 나태해진다.

예언자적 신앙은 그렇지 않은 때조차 강압적으로 보이기도 한다. 오늘날 사회적인 '다신교'를 신봉하는 사람들은 신이 모든 현실을 포괄한다고 주장하는 어떠한 종교든 억압적이라고 받아들인다. 이들은 종교가 신을 우리 삶의 영역에 어떤 방식으로 관여하게 하는지에는 관심이 없고 그저 이를 억압적인 행위로 받아들인다. 예를 들어 그들은 신앙인들이 집이나 교회에서 입는 전통적인 옷-경전이나 종교적인 사고방식-을 벗어던지고 일터나 공공장소에서는 세속적인 생활 원리를 따라 살아가기 바란다. 신앙인들이 공공장소에 적합한 모습을 보이기를 거부한다면, 주위 사람들은 종교를 억지로 강요하는 사람들로 받아들인다. 하지만 신앙이 사람들의 번영과 공공의 선을 형성해야 한다고 믿는 사람들은 종교적인 언어로 이야기하는 것이 다른 사람들을 억압한다고 느끼지 않고 사회적으로 유익하다고 생각한다. 그들은 사회 속에서 신앙적인 가치를 드러내지 않고 침묵하거나 삶의 자리에 대한 종교적인 이유를 찾지 못하면 스스로를 배신하는 것이며 그들의 신앙이 기능장애를 일으키는 것이 된다.[18] 예언자적 신앙을 옹호하는 이들은 개인적 삶과 공적 영역에서 신앙에 따라 사는 삶을 가로막는 시도를 세속주의의 강요로 받아들인다.

종교적인 언어로 공공장소에서 말하는 것 자체가 억압적인 행위는 아니겠지만, 신앙인들이 공적 문제에 관해 주장하는 **방식**은 억압적일 수 있으며 실제로 그런 일이 빈번하게 일어난다. 예언자적 종교의 신봉자들은 선제공격 같은 목표를 설정하고는 이를 수행하는 추악한 수단을 정당화하기 위해 적들이 악한 신을 숭배하는 악한 족속이라고 비난하는 방식으로 신앙을 그릇되게 사용하기도 한다.[19] 물론 예언자적 종교의 신봉자들이 추구하고자 하는 목표들, 예를 들어 아직 태어나지 않은 생명을 보호해야 한다거나 사형제를 폐지하자는 목표 등을 설정하는 데 신앙에 의존하는 경우가 더 빈번하긴 하다. 그러나 반대자들에게 자비를 베풀기는커녕 존중하지 않는 태도를 보이는 데서 드러나듯이 그들의 신앙이 목표를 성취하는 정당한 수단을 규정하지는 않는다. 신앙이 억압의 수단이 되는 모든 경우, 사실은 신앙의 기능장애가 일어난 것이다.

그리스도인은 대개 신앙이 나태해지는 것을 염려한다. 그들에게 신앙은 소중한 선이며 개인적으로나 사회적으로 가장 가치 있는 것이다. 이들은 기독교 신앙의 가치가 실현되지 않으면 인간의 번영은 이루어질 수 없고 그리스도인의 이익만이 아니라 공공선이 훼손된다고 본다. 그러나 반대로 많은 비그리스도인에게 신앙의 나태함은 오히려 작은 축복이다. 이들은 **적극적인** 신앙은 위험하며 원래부터 유해한 것이라고 생각한다. 기독교 신앙에 대한 비판가인 샘 해리스(Sam Harris)는 「종교의 종말」(The End of Faith, 한언)이라는 책에서 성경은 "삶을 파괴하는 횡설수설로 가득 차 있다"고 말한다.[20] 해리스는 그리스도인이 성경을 최종적인 권위로 받아들이면 폭력적이고 억압적이며 삶을 파괴하는 방식으로 행동하여 공공선을 무너뜨리게 된다고 주장한다.

예를 들어 탱크에 올라탄 세르비아의 병사가 승리감에 도취해 세 손가락으로 십자성호를 그으면서 성삼위일체를 표현한다면, 그 표식은 하나님을 올바르게 믿고 있는 집단에 그가 속해 있음을 나타내는 상징이기도 하지만, 다른 의미에서는 살인 기계에 올라타 승리를 만끽하는 행위에 정당성을 부여하기 위해 신앙을 이용하는 것이기도 하다. 전쟁의 신의 이글거리는 눈빛이나 민족주의의 여신의 사나움을 신앙의 망토로 정당화하는 이가 이 병사만은 아니다. 세르비아의 적군인 크로아티아의 병사들도 같은 짓을 해 왔고 많은 미국인이 십자가와 국기를 뒤섞는 데 열정을 보였다. 그들은 모두 지난 수세기 동안 신앙의 이름으로 피와 눈물의 자국을 남긴 그리스도인의 발자취를 따르고 있는 것뿐이다.

기독교 신앙에 비판적인 사람들, 그리고 구도자(seekers)라고 불리는 사람들마저도 "이것이 바로 기독교 신앙이 이루고자 하는 바가 아니던가?"하고 예리하게 반문할 것이다. 계몽주의 이후의 서구 문화에 속한 지식인들과 함께 그들은 신앙을 사회적인 삶의 요소로부터 제거하고 가능하면 근절하고자 했다. 그리스도인은 과연 어떻게 반응해야 할까? 폭력에 대한 찬사가 기독교 신앙의 일부분이 될 수 없지만, 그리스도인이 신앙으로 폭력을 옹호해 온 기나긴 문제투성이의 역사를 부인할 수는 없다!

그리스도인은 신앙이, 오용될 수 있을지라도 우리 삶에 유익한 길이라는 점을 보여 주고 기독교의 비전이 모든 영역에서 제대로 이루어질 수 있도록 설득해야 한다. 기독교가 본질적으로 비폭력적이므로 제대로 실천된다면 인간의 번영에 기여할 수 있고 해를 끼치지 않는다고 믿는다 해도, 우리는 여전히 왜 많은 **그리스도인**이 억압적이고 폭력적인 태도를 보여 왔는지 자문해야 한다. 여기에는 세 가지 이유가 있다. 그것은 앞서 말한 신앙이 나태해지는 세 가지 이유에 상응한다. 앞에서 '신앙에 대한 오해'를 얘기했는데 이것은 신앙이 억압적이 되는 이유인 '신앙의 왜소화'(thinned out faith)에 상응한다. '조직의 힘'은 신앙이 현실에 부적절하게 보이는 문제에 상응한다. '유혹'은 좁은 길로 가기를 꺼리는 태도에 상응한다.

먼저 **신앙의 왜소화라는 문제**에 관해 이야기해 보자. 나는 사람들이 신앙을 몸과 영혼을 위한 힘의 근원이나 치료제로 여기면서도 인간의 번영을 위한 비전을 형성하는 지침으로는 왜 받아들이지 않게 되는지 앞에서 이야기했다. 사람들은 신앙에 의해 부여된 거룩한 목표, 예를 들어 아직 태어나지 않은 생명의 존엄성을 지키는 일이라든가 정의로운 사회를 만들어 가는 가치는 받아들이지만, 그것을 이루기 위해 신앙이 요구하는 수단은 수용하려 하지 않는다. 소크라테스가 「크리톤」(Crito, 이제이북스)에서 두 번 잘못된 일을 저질러서 올바른 일을 만들어 낼 수는 없다고 말했듯이[21] 폭력이 설득을 대신할 수는 없다. 수단의 경시는 신앙의 왜소화로 이어진다. 그로 인해 신앙은 그리스도인의 삶을 온전히 형성하지 못하고, 신앙과 상관없는 가치에 의해 세워진 목표를 추구하는 과정을 정당화하거나, 신앙에 의해 목표를 설정하기는 하더라도 그것을 이루는 수단에는 제대로 적용되지 못한다. 그러므로 종교가 폭력을 정당화하는 문제를 해결하려면 신앙을 덜어 내야 하는 것이 아니라 오히려 **더** 신앙적이어야 한다. 경건한 사람들은 신실함과 용기로 신앙을 실천해 왔다. 책임감 있는 신학자들이 숙고하며 제안한 바에 따라 신앙은 전체적인 면모의 온전함으로 추구되어야 한다.

다음으로 **신앙이 현실에 부적절하게 보인다는 문제**가 있다. 기독교 신앙을 받아들인 사람들이 기독교 신앙의 비전을 왜 온전히 실현하려 하지 않는가? 그것은 신앙이 본래적으로 제시하는 가치가 구시대적이거나 현실적이지 않고 부적절하게 보이기 때문이다. 박해를 받으며 소수가 간직해 온 신앙이 대규모의 기업을 운영하거나 외적으로부터 국가를 방어하는 데 유용한 가르침을 줄 수 있을까? 방대한 기술적 잠재력이 인류를 파멸에 이르게 하지 않고 인류의 번영을 위해 사용될 수 있도록 분투하는 민주주의 사회에서 2,000년 전에 창시된 신앙이 어떤 적합성을 보일 수 있을까? 신앙인들의 마음 깊은 곳에는 우리의 신앙이 부적절한 것은 아닌가 하는 두려움이 있다. 우리는 신앙과 현실 사이의 긴장감을 느끼며 신앙이 제시하는 윤리적 비전을 외면한 채 옳다고 생각하는 일을 축복하는 데 신앙을 적용해 왔을 뿐이다. 변화하는 상황 속에서 신앙을 진정성 있게 이해하고 실천하기란 지적으로나 영적으로나 매우 어려운 일에 속한다. 그러나 이러한 과업은 신학자에게만 부여되는 것이 아니라 모든 학문 분야에 종사하는 사람과 모든 사회계층에 속한 신실한 신앙인이 감당해야 할 문제다.

마지막으로 **좁은 길로 가기를 꺼리는 문제**가 있다. 누군가가 우리 혹은 우리가 속한 공동체를 위협하고 해를 끼친다면 우리는 복수심을 느낀다. 그러면서 원수를 사랑하고 그들을 선대하며 자비를 베풀라는 계명을 멀리한다. 한편 우리는 이 시대의 문화가 파멸의 길을 향해 가고 있다고 믿으며 자멸을 향한 흐름을 바꾸고 싶어 한다. 그러나 기독교 신앙이 중시하는 목표를 추구한다고 해도 적절한 수단을 선택할 때 고려해야 할 신앙의 제약을 제쳐 두는 행위를 정당화하지 못한다는 사실을 우리는 잊어버린다. 또한 우리는 사람들을 무력하게 만들고 고통스럽게 하는 질병을 치료하는 데 배아의 줄기세포 연구가 지닌 엄청난 잠재력을 잘 알면서도 이 연구가 성공적으로 진행될 때 수많은 배아가 희생된다는 문제를 어떻게 생각해야 하는지 알지 못하기 때문에 이 문제에 있어서 신앙의 요구 사항들을 고려하지 않는다. 처음에는 신앙이 우리에게 부과하는 윤리적인 요구를 비현실적이라고 생각하지만, 나중에는 슬그머니 '과도한 것을 요구한다'는 생각으로 바뀌어 버린다. 결국 우리는 처음에는 옳다고 생각했던 것을 구체적인 행동 강령으로는 적합하지 않다며 거부하고 만다. 이런저런 이유를 들어서 신앙을 우리의 욕구에 적합하도록, 그리고 주어진 상황 속에서 우리가 실행할 수 있는 능력에 맞춰 변형하는 것이다.

　　이제 우리는 인격의 문제로 돌아오게 된다. 삶의 다양한 영역에서 신앙을 올바르게 이해하고 적용하는 일도 중요하지만 사람들이 신앙을 억압적인 방식으로 오용하는 기능장애에 저항하도록 제대로 세워 가는 것도 필요하다. 신앙이 개인적·문화적 자원에 그칠 때 그 신앙은 그리스도인에게 파괴적인 결과를 낳기 때문이다.

2장
나태함

1장에서 다뤘듯이 나태함은 신앙이 기능장애를 일으킬 때 나타나는 주요한 현상이다. 목표를 설정하고 그것을 수행하도록 사람들을 격려하는 대신 나태한 신앙은 마치 얼음구덩이에 빠진 타이어처럼 한자리에서 헛돈다. 나는 신앙이 나태해지는 세 가지 이유를 들었다. 첫째, 신앙인의 인격과 관련된다. 어떤 사람들은 신앙이 너무 많은 것을 요구한다고 보기 때문에 카페테리아에서 달콤한 후식은 골라 담지만 브로콜리나 생선은 손대지 않는 사람들처럼 자신들이 원하는 것만 골라 담는다. 둘째, 신앙인들은 크고 작은 체제 안에 갇혀서 살아간다고 느끼기 때문에 그 속에서 생존하고 성공하려면 신앙의 요구 사항보다는 체제의 규칙에 따라야 한다고 생각한다. 셋째, 신앙이 나태해지는 이유는 신앙 자체와 관련이 있다. 새로운 상황에 신앙을 적용하기 어렵다고 보거나 핵무기 또는 신경 과학의 발전과 같은 오늘날의 문제에 신앙을 적합하지 않은 준거로 보는 것이다. 이러한 이유가 결합될 때 사람들은 신앙을 오해한다. 신앙을 마치 행동강화제나 상처에 바르는 연고 정도로 생각하게 되면 세상 속에서 그들의 삶 전체의 방향을 이끌어 주는 중요한 자원으로 여기지 않게 되는 것은 당연하다.

2장에서 나는 나태함을 극복하는 적극적인 신앙을 어떻게 이해하고 실천할 수 있을지에 관해 이야기하고자 한다. 이를 위해 넓은 의미에서 일상생활과 관련되는 신앙의 네 가지 기본적인 방식을 살피려 한다. 우리가 어떠한 활동을 하든지, 다음과 같이 서로 긴밀하게 연결된 네 가지 기본적인 질문이 제기된다. (1) 어떻게 성공할 수 있는가? (2) 어떻게 실패에 대처할 수 있는가? (3) 무엇을 해야 하고 무엇은 하지 않아도 되는가? (4) 왜 어떤 활동에 꼭 참여해야 하는가?

축복

우리는 활동하는 동안 특히 일터에서 성공하고자 노력한다. 다시 말해 우리는 (1) 착수한 일에서 목적한 바를 성취하려 하고 (2) 가능하면 탁월한 방법으로 성취하기 원하며 (3) 더 가치 있는 일에 기여하고자 한다. 그러려면 타고난 재능이나 그간 받아 온 교육 외에 넓은 의미에서 **힘**이라고 부를 수 있는 무언가가 필요하다. 힘은 지속적인 노력을 기울일 수 있게 하는 능력이고, 프로젝트에 끈기 있게 집중하게 하고 결정적인 압박 속에서도 일을 해내는 능력이다. 성공하기 위해 우리에겐 **창조력**도 필요하다. 창조력은 새로운 무언가를 상상하고 익숙한 일들을 색다르게 해내는 방식을 찾아내는 능력이다. 창조력은 오늘날처럼 새로움에 큰 가치를 부여하는, 빠르게 변화하고 경쟁이 심화되는 문화 속에서 특히 중요하다.

성공하기 위해서 힘과 창조력이 필요하지만 우리는 이러한 능력을 얻어내기 어려운, 깨어지기 쉽고 불확실한 세계 속에서 살고 있다. 더구나 우리 자신은 연약하고 예측하기 어려운 존재다. 이것이 우리가 살아가는 형이상학적 조건이다. 우리의 의지로 활동이나 결과를 항상 통제할 수 있는 것은 아니다. 우리는 지치고 고갈되며 주의력이 흐트러지고 산만해진다. 중요한 상황이라는 압박 때문에 큰 실수를 저지르기도 한다. 할 수 있는 일을 다 했을 때도 그러한 노력이 결과를 보장해 주지 않는다. 열심히 일한다고 해서 성공이 보장되는 것도 아니다. 예상치 않은 당혹스러운 일들이 개입하기 때문이다. 때로는 밤새 고민해도 신통한 생각이 떠오르지 않기도 한다.

힘과 창조력에는 한계가 있기 때문에 우리는 때로 '더 높은 힘'이라고 부를 수 있는 힘의 도움을 구한다. 결정적인 상황 앞에 선 운동선수들이나, 시험을 보는 학생들, 위험 부담이 큰 대규모의 협상을 앞둔 사람들은 기도를 한다. 젠체하는 이들은 이런 기도를 무시하기도 한다. 더 넓은 세상의 틀에서 보면 우리의 기도는 사소한 문제이기 때문이다. 어떤 팀이 이길지, 내가 어떤 성적을 받을지, 이런 문제에 신이 관심을 보일까? 이런 기도가 신앙을 잘못 사용하는 것일지 모른다는 염려도 있다. 결정적인 상황에서 신의 도움을 구하는 것은 행동 강화제 정도로 신의 의미를 축소하거나, 한쪽에 부당한 편익을 주는 존재로 보이게 하기 때문이다. 마지막으로 이런 기도가 신과 세상의 관계에 대한 오해를 반영한다는 걱정도 있다. 이런 기도에는 신과 세계의 관계에 대한 '결과 우선주의 신앙'(God-of-the-results)이 전제되어 있다. 기도하기만 하면 열심히 공부하지 않았더라도 기적으로 지식이 머리에 주입된다는 식이다. 이런 기도는 책임을 회피하게 만든다.

잠시 후에 이런 다양한 염려에 대해 내 의견을 간단히 설명하겠지만, 그럼에도 신을 일터에서 성취하는 성공과 연결하는 일은 중요하다. 성서는 이런 연결점을 계속해서 보여 준다. 특히 하나님이 축복을 주시는 전통에 잘 나타난다. 여기에는 크게 두 가지 축복이 있다. 첫째, 세상을 유지하는 하나님의 능력에서 비롯되는 축복이다. 하나님은 지속적으로 인간의 삶을 붙드시고 인간을 번영하게 하신다. 창조의 서막에 전 인류가 복을 받은 것(창 1:28을 보라)이 그런 경우다.[1] 둘째, 축복은 하나님의 특별한 행위로써 구체적인 인간의 과업을 인도한다. 하나님은 자녀를 낳는 일이나 사업 혹은 전쟁에 대해서도 인간의 노력에 성공으로 보상하신다(창 26:12-13을 보라).

대형 서점에 들어가 영성과 일을 주제로 한 분야를 살펴보면 대부분 어떻게 영적인 에너지를 이용해서 성공할 수 있는지 알려 주고 있다는 사실을 발견하게 될 것이다.[2] 뉴에이지 '신학자들'은 어떻게 번영하고 경쟁에서 승리할지에 대해 독자들의 기대에 부응하는 설명을 제공한다. 반대로 주류 교단에 속한 기독교 신학자들은 하나님과 세속적인 성공 사이에 거리를 두게 하고 하나님이 요구하는 바에 집중하도록 노력해 왔다. 잠시 후에 간단히 설명하겠지만 오늘날과 같이 산업, 언론, 과학, 정치, 학문, 그리고 심지어 목회에 이르기까지 삶의 모든 영역에서 큰 골칫거리들이 횡행하는 상황에서 신앙이 나태해지지 않으려면 하나님의 요구가 특히 중요한 의미를 지닌다.

그러나 근본적으로 하나님은 요구하시는 분이 아니다. 하나님은 베푸시는 분이다.³ 이것이 성서에 나타난 축복의 전통이 보여 주고 있는 바다. 하나님의 관대함은 우리 영혼의 안녕이 위태로운 순간, 즉 구원의 영역에서만 드러나지 않는다. 그분의 관대함은 창조의 영역뿐 아니라 일상생활에서도 드러난다. 하나님이 우리 존재의 근원이라면 모든 일을 하나님으로부터 오는 힘으로 감당할 수 있다. 베푸시는 하나님 덕분에 우리는 존재하고 일할 수 있다. 하나님이 풍성히 베푸시는 분이기 때문에 우리는 일터에서 성공할 수 있는 것이다.

우리의 노력이 잘못된 방향으로 흘러서 바로잡아야 할 때도 있다. 때로 우리는 다른 사람들의 희생을 통해 성공하기를 원할 수도 있다. 운동경기를 할 때 하나님이 우리 편에서 도와주시기를 바랄 수도 있다. 그러나 우리의 이런 노력과 관심이 그분께 그렇게 사소한 것만은 아니다. 하나님은 우리가 성공하도록 힘을 주시기 원한다. 하나님은 우리 존재의 근원이 되는 힘이기 때문에 우리를 성공하게 하는 힘이기도 하다. 게다가 우리가 하는 세속적인 일들은 하나님을 향한 봉사이기도 하다. 그렇기에 하나님은 우리를 지탱하고 우리에게 힘과 창조력을 주신다. 궁극적으로 우리는 하나님을 위해 일한다. 고로 우리의 노력에 복을 주시도록 하나님께 구하는 것은 정당하다.

하지만 하나님의 도움을 구하는 것이 우리의 책임을 포기하는 행동은 아닐까? 우리가 할 일을 하나님이 대신하는 것이 축복을 뜻한다면 그럴 수도 있다. 그러나 그렇지 않다. 하나님은 완성된 결과로서 복을 내려 주시지 않는다. 하나님은 인간을 통해서 목적을 이루신다. 우리가 기도할 때 바라는 성공은 원하는 결과를 기적적으로 이루어 주시기를 바라는 간구가 아니다. 하나님의 손에 의해 의지와 능력을

지닌 효과적인 도구가 되기를 바라는 간구다. 이것이 바로 우리가 창조된 본연의 모습이기 때문이다.[4]

구원

신앙이 나태해지지 않고 변화를 일으키게 되는 두 번째 방법은 우리가 하는 일에서 실패할 때 나타난다. 우리는 실패를 인정하고 싶어 하지 않는다. 실패했을 때는 그것을 숨기고 싶어 한다. 그 결과 우리는 실패했다는 생각 자체를 힘들어한다. 그러나 우리는 항상 실패의 위험 속에 있고 실패를 통해 깊은 고통을 맛보기도 한다. 우리는 성공하기 위해서나 실패를 경험한 뒤에나 도움이 필요하다.

아무리 주의를 기울인다 해도 실패는 일어나기 마련이다. 우리는 결정적인 때에 아프기도 하고 일터에서 다치기도 한다. 최선의 노력을 다하지만 목표를 달성하지 못하기도 한다. 열심히 공부했으나 나쁜 성적을 받기도 하고, 열심히 일했으나 해고되기도 하고, 경쟁자에게 밀려 계약을 따내지 못하기도 한다. 옳은 일을 했으나 그런 이유로 실패할 때는 더 고통스럽다. 성공에 내재된 실패도 있다. 정상에 오르더라도 우리는 여전히 깊은 불만족을 느낀다. 차가운 안개처럼 우울함이 우리의 성공을 뒤덮는다. 유한하고 깨어지기 쉽고 심한 경쟁 속에 있는 세상에서 실패는 항상 우리를 위협한다.

실패하거나 일을 망쳤을 때 사람들은 신앙에 의지하곤 한다. 비판자들은 이때 다시 반대할 것이다. 당신이 실패할 때 하나님을 찾는다면 그저 요구나 들어 주는 종으로 하나님의 존재를 축소하는 것은 아닌가? 하나님이 성공을 위한 거룩한 행동강화제로서 기능한다면, 실패할 때는 거룩한 반창고처럼 그분을 사용하는 것은 아닌가? 그러나 하나님은 우리를 염려하시며 성공에 필요한 능력을 주시기도 한다. 성공이 무엇인지 정의해 주시기도 하지만 우리가 실패했을 때 도와주시기도 하는 것이다.

성경에는 하나님이 축복을 주시는 전통과 더불어 **구원**의 전통도 담겨 있다(출 14:10-13, 시 65:5, 사 51:6-8을 보라).[5] 구원의 전통을 들여다보면 놀랍게도 인간의 행위 자체에 문제가 있었음을 발견할 수 있다. 이집트에서 노예 생활을 하던 이스라엘 백성을 해방하신 것은 무엇이 올바른 행위인가를 정의하는 하나님이 베푸신 구원의 역사였다. 잔혹한 감독관들은 이스라엘 백성을 억압했으나 하나님은 그들을 구원하셨다. 넓은 의미에서 아브라함과 사라의 자손이 이집트에서 탈출한 것은 잘못된 행위로부터의 구원이었다.

우리가 자주 경험하듯이 성실히 일했는데도 실패하게 되는 경우를 살펴보자. 이때 신앙은 어떤 의미가 있는가? 하나님은 우리가 올바른 일을 한다면 **궁극적으로** 행복을 얻고 성공하게 된다고 약속하신다. 가장 깊은 행복과 성공의 의미에서 그러하다. 악한 짓을 저지르는 사람들도 번영하는데, 우리가 이익을 얻을 수 없을 때 왜 도덕적으로 선한 행위를 해야 하는지 당혹스러울 때가 있다. 임마누엘 칸트는 사람들이 선 그 자체를 위해 선한 행위를 해야 한다는 것은 세상이 그러한 기초 위에 세워져 있어서 부도덕한 행동을 통해서는 궁극적으로 행복해질 수 없을 때에만 의미가 있다고 설명한다.[6] 그러고는 신만이 그러한 세상의 근원이 될 수 있다고 결론 내린다. 오직 신만이 도덕적인 삶과 행복의 궁극적 일치를 보장해 준다.

둘째로, 하나님은 성공과 실패를 넘어 우리가 가치 있는 일을 하고 있다는 자부심을 주신다. 우리가 하는 일은 우리 정체성의 일부다.[7] 우리가 어떠한 사람인지는 부분적으로 우리가 어떤 일을 하는지, 우리가 어떻게 일하는지에 의해 형성된다. 물론 우리는 우리가 하는 일보다 훨씬 더 존귀한 존재다. 성공하든지 실패하든지 우리는 하나님의 자녀이기 때문이다. 하나님은 우리의 성공 때문에 우리를 사랑하시는 것이 아니며, 우리가 실패한다고 해서 우리를 사랑하지 않으시는 것도 아니다. 하나님의 사랑은 우리의 자존감에 장애가 되는 어떤 것도 이겨 내게 한다.[8]

마지막으로, 하나님은 우리의 성공에 종종 뒤따르는 허무함에서 우리를 건져 내신다. 우리가 원하는 것을 얻었다고 하자. 일터에서 중역으로 승진했을 수도 있다. 그런데 여전히 공허하다. 우리는 원하는 장난감을 얻어 하루 이틀 가지고 놀다가는 다른 것을 달라고 보채는 어린아이와 같다. 우리가 무한하신 하나님 안에서만 만족할 수 있고 다른 어떤 유한한 대상을 통해서는 만족할 수 없게끔 지어졌다는 사실을 망각할 때, 우리는 늘 우울함을 느끼게 된다.[9]

우리가 자신만을 위해 일하거나 우리의 일이 공동체를 위한 봉사이며 하나님의 창조 세계에 지속적으로 참여하는 사역의 일부라는 사실을 잊을 때 우울함을 느끼기도 한다. 이 주제는 하나님과 의미의 관계를 이야기할 때 다시 다루겠다.

간주곡: 나태함과 잘못된 분주함

앞에서 다룬 구원과 축복이라는 신앙의 두 가지 기능은 그 자체로 의미가 있다. 그러나 예언자적 신앙의 경우 여기서 만족하게 되면 그 기능들이 신앙의 기능장애로 변질되고 만다. 신앙의 기능이 힘을 불어넣거나 망가진 것을 보수하는 정도로 축소되어 버리고, 사람들이 이 세상에서 어떻게 살아야 하는지에 관해 지침을 주는 데는 신앙이 아무런 영향력을 발휘하지 못할 것이다. 그렇게 되면 신앙은 나태해진다는 점을 간과해서는 안 된다. 왜냐하면 예언자적 신앙은 국가 안보나 경제 번영 혹은 즐거움이나 권력과 영광에 대한 갈증같이 신앙 밖에 있는 요인으로 이루어진 생활 방식을 위해 '종교적인' 자원을 제공하기보다는 그 자체가 삶의 방식이어야 하기 때문이다. 물론 어떤 면에서 축복을 내리고 구원하는 신앙도 분주할 수 있다. 그러나 신앙의 본질적인 관점에서 보면 축복해서는 안 되는 일을 축복하고 구원해서는 안 되는 일로부터 구원하는 그런 문제투성이의 축복과 구원을 위한 분주함이 될 것이다. 이렇게 해서 신앙의 나태함은 다음 장에서 살펴볼 신앙의 강요를 향한 길로 이어지게 된다. 삶을 변화시키는 진정한 신앙은 이 세상에서 무엇을 해야 하고, 이 세상 속에서 우리의 지위를 어떻게 이해해야 하는가에 대해 지침을 준다.

지침

우리가 무엇을 해야 하는지에 대한 지침을 신앙이 어떻게 주는가? 이 질문은 우리의 일상생활 전반에 걸쳐서 어떤 일에 에너지를 쏟고 재능을 사용해야 하는가라는 개인적 측면의 의미만이 아니라 어떤 일이 도덕적으로 허용되고 권장될 수 있는가라는 도덕적 측면의 의미도 내포한다.[10] 여기서는 이 질문의 도덕적 측면을 다루고자 한다. 하나님으로부터 도덕적으로 허용될 수 없는 일을 하도록 부르심을 받거나 재능을 부여받을 수는 없으므로 우리에게 도덕적인 측면이 더 근본적인 문제라는 점은 분명하다.

우리는 쓰레기를 수거하는 일에 관심이 없을 수도 있다. 도덕적인 관점에서 보면 쓰레기 수거는 공동체에 꼭 필요하고도 좋은 일이다. 그러나 모든 종류의 일을 다 도덕적으로 받아들일 수 있는 것은 아니다. 떼돈을 벌 수 있다 해도 청부살인 같은 일은 하지 않을 것이다. 아무리 선한 목적을 위한다 해도 테러리스트가 되지는 않을 것이다. 하지만 분명하지 않은 모호한 성격을 지닌 일들도 있다. 인간의 가장 강력한 욕망과 관련한 제품이라고 할 수 있는 공격용 무기나 섹스토이를 생산하고 광고하고 판매하는 일은 도덕적으로 허용될 수 있을까? 과도하게 환경을 오염시키는 산업에 종사하는 것은 도덕적으로 허용되는가?[11]

중요한 것은 도덕적으로 허용되는 종류의 일 **가운데서** 분별하는 것이다. 정당전쟁론에서 '전쟁을 개전함에 있어서의 정의'(*ius ad bellum*)와 '전쟁을 수행하는 과정에서의 정의'(*ius in bello*)에 적용되는 중요한 구분을 생각해 보자.[12] 정당전쟁론의 옹호자들에 의하면 한 국가는 전쟁을 일으킬 정당한 이유를 가지고 있을 수 있다. 하지만 전쟁 자체는 부당하게 수행될 수 있다. 같은 논리를 우리의 일터에 적용해 보자.

도덕적으로 받아들일 수 있는 직업이라 해도 우리는 업무를 수행하는 데 있어서 윤리적인 방법과 그렇지 않은 방법을 분간해야 하고 그러한 결정에 의거해서 행동해야 한다. 회사라든지, 산업, 혹은 시장 전체와 같이 우리의 일터가 속해 있는 더 큰 환경은 영역 내의 기준에 의한 성공을 이루도록 우리에게 압력을 행사할 수도 있다. 그러나 일터로 들어서는 입구에서 겉옷을 벗어 옷걸이에 걸어 놓듯이 신앙을 벗어 버리기를 원치 않는다면 우리는 무엇을 해야 하고 무엇을 하지 말아야 하는지 신앙을 따라 최종 결정을 내려야 한다.

신앙이 제공하는 도덕적 지침은 정치체제 내의 법적인 제약과는 다르다는 점에 주목해야 한다. 법은 무자비한 개인이나 기관으로부터 대중을 보호하기 위해 고안되었다. 법적 제약이 중요하기는 하지만 그 자체로 충분하지는 않다. 합법적이라는 것이 곧 도덕적이라는 의미는 아니다. 도덕적인 문제는 합법적이냐 불법적이냐의 문제가 아니라 옳고 그름의 문제다. 물론 이 두 주제는 서로 중첩되는 경우가 빈번하다. 가난한 나라의 아동 노동을 이용해서 회사를 운영하는 것은 합법적이다. 많은 지역에서 환경을 심하게 오염시키는 것도 합법적일 수 있다. 그러나 이러한 일들이 도덕적인가? 물론 도덕적인 문제에도 회색지대는 있다. 우리가 어떤 일을 하든지 도덕적으로 선한 일의 경계를 넘어서는 것처럼 보이는 때도 있기 마련이다.

마지막으로, 적절하게 기능하는 신앙은 우리가 도덕적으로 허용되는 일을 넘어서 도덕적으로 **탁월한** 일을 하도록 우리를 자극한다. 몇 년 전에 정장 차림의 칵테일파티에서 자신을 하버드 대학교 졸업생이라고 소개하는 어떤 사람과 이야기를 나눈 적이 있다. 가벼운 이야기를 나누다가 그에게 어떤 일을 하는지 물었다. "제가 무슨 일을 하는지 들으면 웃으실 걸요." "글쎄요, 한번 이야기해 보세요." "저는 소변기를 만듭니다." "음, 남자들은 소변기가 필요하죠…." "저는 물을 사용하지 않는 소변기를 만든답니다." 이 얼마나 훌륭한 일인가! 물은 점점 희소한 자원이 되어 가고 있다. 그런데 그 사람은 물을 절약하는 일을 하고 있는 것이다. 1년에 한 소변기당 15만 리터의 물을 절약할 수 있다고 한다. 이렇게 보면 그 사람이 하는 일은 도덕적으로 허용되는 일일 뿐만 아니라 탁월한 일이기도 하다.

  삶을 변화시키는 진정한 신앙은 우리로 하여금 옳고 탁월한 일을 분별하게 하고 그 일을 할 수 있도록 동기를 부여한다. 어떤 그리스도인들은 일터의 도덕적인 영역 밖으로 하나님을 제한한다. 그들도 하나님이 영혼을 구원하시고 개인의 삶에서 도덕적인 방향을 지시해 주시고 우리가 일을 더 잘하게 도우시고 상처를 치유하신다고 믿는다. 그러나 사회생활에서 직면하는 도덕적인 결정을 내리는 일에서는 하나님이 멀리 떨어져 계신다고 여기는 것 같다. 우리가 하나님을 우리의 삶 전체를 견인하시도록 하지 않고 삶의 특정 영역으로 제한한다면 예언자적 신앙이 추구하는 가장 중요한 일을 수행하는 데 실패하는 것이고, 예언자적 신앙의 가장 중요한 기능을 나태하게 하는 것이다. 이보다 더 나쁜 것은 이러한 나태함이 우리의 신앙이 축복과 구원의 근거로 기능하지 못하게 망쳐 놓는다는 사실이다.

의미

도덕적으로 신실하고 탁월한 삶을 살면서 성공할 수 있고, 실패를 피할 수 있다 해도 그것만으로는 충분하지 않다. 몇 년 전에 나이키 광고는 "지금 당장 하라"(Just Do It)고 했지만 우리는 인간이기에 일하거나 놀 때 마냥 아무 생각 없이 할 수는 없다. 우리는 우리의 행동을 **돌아보며** 목적이 무엇인지 질문을 던진다. 또한 이러한 '질문들'에 대한 우리의 대답이 타당한지도 돌아본다. 일을 하는 목적이 단지 '경제적 동물'로서가 아니라 인간으로서 살아가는 데 충분한 의미를 제공해 주는가? 그 목적이 현실에서 육체적이고 영적이며 공동체적인 본질을 지닌 존재로서 나 자신의 본성과 이 세계의 현실적인 구성 원리에 부합하는가?[13] 변화를 일으키는 신앙이라면 이러한 질문에 수긍할 만한 대답을 제시해야 할 것이다. 이것이 바로 신앙의 가장 중요한 기능이다.

우리가 하는 일의 의미에 대해 다양한 대답을 찾을 수 있다. 가장 먼저 떠오르는 목적은 식탁에 일용할 양식이 부족하지 않게 하는 것이다. 나아가 차고에 차를 넣고 거실에 예술 작품을 걸어 두는 것일 수도 있다. 좀더 추상적으로 말하자면 일의 목적은 그 일을 하는 사람의 필요를 채우기 위해서다. 때로는 그것이 간절히 필요하다거나 우리의 삶을 더 편리하게 하고 기쁨을 누리기 위해서가 아닌 이웃보다 더 많고 더 좋은 것을 얻고자 할 때도 있다. 우리가 하는 일과 그 일을 통해 얻는 것들은 우리의 자아상을 고취하고 우리의 성공을 정의한다. '더 많은 장난감을 가진 자가 이기는 것이다.'

일의 주된 목적이 우리의 필요를 채우는 것이라고 생각한다고 해도 우리는 어느새 헛바퀴가 도는 것 같은 불만족의 상태에 빠져든다. 우리가 소유한 것은 우리가 욕망하는 것에 늘 뒤처지기 때문에 우리는 루이스 캐럴이 말한 저주의 희생자가 된다. "봐봐, 여기에서는 아무리 뛰어 봤자 제자리를 맴돌 뿐이야."[4] 고요한 시간이 찾아오면 우리는 인생이 무게감이 있고 확실한 근거가 있기를, 우리 자신을 넘어선 어떤 충만함을 향해 성장해 가기 원한다는 사실을 깨닫는다. 자아감과 즐거움만으로 우리의 인생에 의미를 부여하기는 부족하다. 우리가 하는 일의 의미가 단지 자신의 복지로 축소된다면 겉으로 보기에 성공했다고 할지라도 그 결과는 우울함과 더불어 뭔가 아직 채워지지 못했다는 느낌뿐이다.

우리가 일하는 두 번째 목적은 공동체의 번영을 위해서다. 우리는 공동체적 존재다. 우리는 공동체를 통해 살아 왔고 '자수성가'한 사람이라 할지라도 다른 사람들에게 많은 영향을 받아 왔다. 자수성가한 사람이라도 그를 낳아 준 부모가 있고 스승이 있고 관습과 제도와 전통을 지닌 문화 안에서 자라 왔다. 이처럼 우리는 공동체적 존재이기 때문에 공동체 안에서 일하면서 의미를 찾는다. 우리는 가족의 필요를 채워 주기 위해 일하고, 회사의 성공을 위해 일한다. 신앙 공동체의 사명을 위해 헌신하기도 하고, 지역 공동체가 유지되도록 수고하기도 한다. 또한 우리는 세계라는 공동체의 일원으로 살아가기도 한다.

우리가 공동체의 복지를 위해 일한다면 자신을 위해 하는 것보다 더 풍성한 의미를 얻을 수 있다. 그때 우리는 단지 자아의 완성을 추구하는 것이 아니라 다른 사람의 유익을 위해 살아가는 것이다. 우리는 성경에서 "주는 것이 받는 것보다 복이 있다"(행 20:35)라는 가르침을 읽는다. 삶을 변화시키는 진정한 신앙은 우리 자신만이 아니라 가깝고 먼 이웃을 사랑하고 그들을 위해 일하도록 우리를 채근한다.

그러나 공동체의 복지를 위하는 삶이 우리의 일과 우리의 인생에 정당한 의미를 부여하는 데 충분한지 분명하지가 않다. 개인의 복지와 공동체의 복지가 다 이루어진다고 해도 그것은 마치 해변에서 모래성을 쌓는 것과 같지 않은가? 이러한 목적은 그것을 위해 우리가 하는 행위의 결과가 지속될 수 있을 때 의미가 있다. 그러나 이러한 목적은 궁극적으로는 허망한 것이다. 파도는 우리가 수고한 모든 것을 쓸어 가 버리고 어떤 자취도 남겨 놓지 않는다. 우리 자신과 공동체 또한 유익 이상의 목적이 없다면 공허한 시간은 수고의 열매를 다 집어삼키고 우리의 일 역시 궁극적으로 무의미해질 것이다.[15] 그러므로 자신과 공동체를 위해 일할 때에도 하나님을 위한 목표를 함께 가지고 있을 때라야 우리가 하는 일의 궁극적인 의미를 찾을 수 있다.

우리의 일과 하나님은 어떤 관계가 있는가? 하나님이 우리 일의 의미와 관계를 맺는 네 가지 주요한 방식이 있다. 첫째, 하나님은 어떤 의미에서 우리의 **고용주**시다. 우리가 필요를 채우고 공동체의 복지를 위해 기여하는 동시에 우리는 하나님을 위해 일하고 하나님을 섬기는 것이다. 하나님은 이 세상에서 우리가 해야 할 과업을 주신다. 우리에게 땅을 정복하라고 명령하시고(창 1장) 하나님이 주신 낙원을 '가꾸고 경작하라'고 명령하신다. 이에 따라 우리는 하나님의 명령을 수행하는 것이다.

둘째, 우리가 일하는 것은 단지 하나님의 명령을 수행하기 위해서가 아니라 이 세상에서 하나님의 **목적**을 성취하기 위해서라고 생각할 수 있다. 마태복음에서 열방을 심판하시면서 예수님은 양들을 그의 오른편으로 부르시고 "내 아버지께 복받을 자들이여 나아와 창세로부터 너희를 위하여 예비된 나라를 상속받으라. 내가 주릴 때에 너희가 먹을 것을 주었고 목마를 때에 마시게 하였고 나그네 되었을 때에 영접하였고 헐벗었을 때에 옷을 입혔고 병들었을 때에 돌보았고 옥에 갇혔을 때에 와서 보았느니라"(마 25:34-36)라고 말씀하셨다. '양'들이 예수의 가족 중 지극히 작은 자들에게 한 일이 바로 주님께 한 것이다. 하나님이 사랑하시는 이 피조 세계와 모든 피조물의 복지를 돌볼 때 우리는 하나님의 목적을 위해 일하는 것이며 이렇게 해서 하나님을 위해 일하게 된다.

셋째, 우리는 하나님과 **협력**함으로써 우리의 일에 의미를 부여받는다. 창세기 2장에 기록된 창조에 대한 두 번째 설명을 생각해 보자. 이 이야기에는 인간을 향한 하나님의 목적이 드러나 있다(창 2:4-25). 창세기 말씀은 하나님이 천지를 창조하실 때 땅에 초목과 채소가 없었다는 표현으로 시작된다. 그 이유는 두 가지다. 첫째, 하나님이 아직 땅에 비를 내리지 않으셨고 둘째, 땅을 갈 사람이 없었다. 인간이 등장해서 일하기 시작해야 하나님의 창조 사역이 완성될 수 있다. 하나님은 창조하시고 보존하시며 복을 내리시고 앞으로 다가올 세상을 바라보시면서 세상을 변화시키신다. 그리고 이 모든 과정에서 그분은 우리를 동역자로 만드신다.[16] 우리는 하나님과 함께 일하고 하나님은 우리를 통해 일하신다. 우리는 회의실에서 결정을 내리고, 맥도널드에서 햄버거를 굽고, 집을 청소하고, 버스를 운전하고, 책을 출판하고, 강의를 한다. 이렇게 우리는 하나님과 함께 일하고 하나님은 우리를 통해 일하신다. 우리의 일에 이보다 더 큰 존엄은 없다.

마지막으로, 하나님은 우리 일의 진(眞), 선(善), 미(美)가 사라지지 않도록 보장하신다. 하나님과 협력하여 우리가 행한 모든 과업은 보존될 것이다. 앞으로 오는 세상에서 우리가 행한 일은 사라지지 않는다. 계시록에서 말하는 바와 같이 우리가 행한 일들이 우리를 따른다(계 14:13). 우리가 행한 일이 우리 정체성의 일부가 된다는 것은 자연스러운 결과다. 앞으로 올 세상에서도 나는 구텐베르크를 보면서 활판 인쇄술을 떠올리지 않을 수 없고, 아인슈타인을 보면서 그의 상대성 이론을 생각하지 않을 수 없고, 사도 바울을 만나면서 로마서를 생각하지 않을 수 없을 것이다. 우리가 행한 일의 결과들, 더 나아가 전 세계에 걸쳐 여러 세대의 사람이 수고한 결과물의 집적(集積)은 앞으로 올 세상에서도 보존될 것이다.[17] 하나님의 기억 속에서 보존될 수도 있고 새로운 세계를 구성하는 일부가 되어서 보존될 수도 있을 것이다.

그러므로 우리 각자가 하는 일은 하나님이 세상을 창조하고 구원하고 완성함으로써 짜고 계신 거대한 삶의 양탄자를 구성하는 작은 기여가 될 것이다. 이것이 우리 일의 궁극적인 의미다.

결론: 우리의 일을 잘 해내기

이것이 나태하기를 거부하는 신앙의 대략이다. 하나님은 우리에게 복을 주시고 우리는 일터에서 성공한다. 하나님은 우리를 구원하셔서 우리로 하여금 실패에 의해 무너지지 않고 지속적으로 행복을 얻게 하신다. 하나님은 우리가 도덕적으로 책임감 있고 탁월한 방법으로 일할 수 있도록 지도하신다. 하나님은 우리의 일에 의미를 부여하고 개인과 공동체를 위한 우리의 수고를 통해 세상을 창조하고 구원하고 완성하는 사역을 행하신다. 우리의 신앙은 이 네 가지 방법으로 하나님이 우리의 일을 통해 역사하실 때 긍정적인 변화를 만들어 낼 수 있다.

3장
강요

테러리스트들이 세계무역센터를 공격한 이후 '모든 것이 달라졌다'는 얘기를 듣는 것은 드문 일이 아니다. '모든 것'이라는 표현은 확실히 과장된 말이지만 흔히 9·11 테러라고 부르는 이 사건은 상당히 많은 것을 바꾸어 놓았다. 특히 많은 세속적인 서구인의 종교에 대한 태도를 바꾸어 놓았다. 3,000명이 넘는 사람의 생명을 앗아 가고 아프가니스탄과 이라크에서 두 번의 큰 전쟁을 야기한 이 공격이 부분적으로는 종교적 동기에서 기인했기 때문이다. 종교가 오늘날 매우 생생하게 살아 있으며 개인적인 삶과 세계 곳곳에서 사람들의 공적인 삶 속에서 큰 힘을 미치고 있다고 하는, 오래전부터 전 세계의 주의 깊은 분석가들과 많은 사람이 알고 있던 사실이 세속적인 서구인들에게 갑자기 분명하게 다가왔다. 1994년에 출판되어 정치학 분야의 경계를 확장했다는 평가를 받은 「종교, 정치의 잃어버린 차원」(*Religion, the Missing Dimension of Statecraft*)이라는 논문집은 지난 몇 년간 서구인과 비서구를 포함한 많은 국가의 외교관에게 필독서였다.¹

종교를 제거한다고?

카를 마르크스, 막스 베버, 에밀 뒤르켐(Emile Durkeim)의 발자취를 따르는 20세기 주류 사회학자들은 종교가 서서히 소멸하거나 신자 내면의 영적인 모습으로 조용히 머무르게 될 것이라고 예견했다. 그러나 오늘날 종교는 국가적·국제적인 맥락에서 중요한 요인으로 부상했다. 종교의 부활이 얼마나 지속될지를 이야기하기에는 너무 이르다. 유럽에서 드러난 바와 같이 세속화 과정이 지속되어 현대사회에서 종교의 영향력은 줄어들겠지만, 종교적인 의식(儀式)을 준수하는 모습이 전반적으로 쇠퇴하지는 않을 것이다. 세속화가 진행되면 신앙의 부적절한 공격성보다는 신앙의 나태함이라는 문제가 더 중요한 관심을 받게 될 것이다. 그럼에도 종교는 오늘날 여전히 살아 있고 공적 영역에서 분명히 영향력을 드러내고 있으며 앞으로도 계속해서 그러할 것이다.

종교가 정치적인 요인의 하나로 재부상하는 현상을 바람직한 일이 아니라고 여기는 사람이 많다. 마크 위르겐스메이어(Mark Juergensmeyer)는 「신의 마음속에 있는 테러」(Terror in the Mind of God)라는 책에서 전 세계적으로 종교 폭력이 증가하고 있음을 보여 주는데 이를 보면 신들이 주로 테러를 계획하고 있는 것처럼 보인다.[2] 서구 문화의 영향 속에 있는 지식인들에게 현대사회에서 종교와 폭력이 결합하는 현상은 1560년대부터 1650년대까지 유럽을 피로 물들인 종교전쟁을 떠오르게 한다. 이 시대에 종교는 '광적인 헌신과 잔혹한 증오심'을 불러일으킨 주범으로 지목되었다.[3] 종교전쟁은 세속화를 가져온 근대성의 등장에 크게 기여했다.[4]

계몽주의 시대의 주요 사상가처럼 많은 현대인이 종교를 사회 문제를 치료할 일종의 의약품이라고 생각하기보다 적극적인 조치의 대상이 되는 사회악이라고 생각한다. 9·11 테러를 자행한 사람들이 종교적인 동기로 그들의 폭력을 정당화하지 않았는가? 발칸반도에서 최근 일어난 전쟁에서 세르비아인들은 그들의 성지를 수호하기 위해서 싸우지 않았는가? 북아일랜드 내전의 핵심에 가톨릭과 개신교의 갈등이 있지 않았는가? 인도에서 일어나는 충돌의 주요한 요인이 바로 종교 아닌가? 오늘날 종교의 재부상은 적어도 공적 영역에서 볼 때 종교적으로 정당화된 폭력과 더불어 일어나고 있다. 이러한 이유로 공적 영역에서 종교를 약화 혹은 무력화하고 더 나아가 완전히 제거해야 한다고 주장하는 사람이 많다.

그러나 공적 영역에서 종교를 무력화하거나 제거하려는 충동은 잘못된 것이다. 종교를 통해 개인적이고 공적인 삶의 방식을 정의하고 있는 신앙인들을 향한 폭력이 없이는 종교를 제거하기란 거의 불가능하기 때문이다. 또한 종교는 건강하고 평화로운 사회관계를 촉진하는 데 불가결한 역할을 담당할 수 있고 또 그런 역할을 담당해 왔기 때문에 종교를 제거하려는 충동은 옳지 않다. 이러한 반론은 오늘날 쉽게 받아들이기에는 대담한 내용이지만, 여기서 이 주장들을 입증하지는 않겠다. 이 장에서 나는 더 온건한 작업을 하고자 한다. 나는 주로 기독교 신앙이 폭력을 촉진한다는 주장에 반론을 제기할 것이다. 이 반론도 대담한 주장으로 보일 수 있다. 내가 잘못 생각했는지 아닌지 한번 밝혀 보겠다.

표층적 신앙과 심층적 신앙

먼저 나는 기독교 신앙이 폭력적인 적이 없었다거나 앞으로 폭력을 조장하는 데 사용되지 않을 것이라고 주장하는 것은 아님을 밝혀 둔다. 이런 주장은 가능하지 않다. 그리스도인은 기독교의 긴 역사를 통해 적대감을 표현하고 잔학한 일을 저지르고 간접적인 형태의 폭력에 관여해 왔을 뿐만 아니라 이러한 행동들을 정당화하기 위해 종교적인 신념을 끌어오기도 했다.[5] 게다가 기독교 신앙에는 따로 떼어 내거나 두드러지게 강조하면 폭력을 정당화하는 요소들도 존재한다. 나는 기독교가 역사적으로 다른 주요 종교보다 폭력과 관련성이 덜하다고 주장하려는 것도 아니다. 나는 이와 같은 주장이 사실인지 아닌지 확신하지 못하고, 이 문제에 관해 결정을 내릴 방법이 있는지에 대해서도 확신하지 못한다.

내가 주장하고자 하는 것은 적어도 기독교에 관한 한 종교적으로 촉발되고 정당화된 폭력에 대한 치유책이 계몽주의 이래 서구의 주요한 지적 흐름이 제안해 온 것과는 완전히 반대라는 사실이다. 기독교의 폭력에 대한 치유책은 기독교 신앙에 덜 충실한 것이 아니라 주의 깊게 정의된 의미에서의 기독교 신앙에 더 충실해지는 데 있다. 물론 폭력에 대한 치유책이 종교적인 열정을 강화하는 데 있다는 의미는 아니다. 맹목적인 종교적 열정은 문제의 일부다. 그 대신 치유책은 신앙 본연의 의미에서 기독교 신앙에 더 강하고 깊이 있는 지적인 헌신을 하는 것에 있다.

기독교 신앙의 내용이 무엇이고 어떻게 실천할 것인지에 대한 내 주장은 다음과 같다. 우리가 기독교 신앙을 분주한 삶에 힘을 불어넣어 주고, 치료제의 역할을 하며, 삶에 의미를 부여하는 일을 주로 담당하는 정도의 모호한 종교로 축소하면 할수록 우리의 삶은 그만큼 더 악화될 것이다. 반대로 기독교 신앙을 그 기원과 역사에 깊이 연결되어 내려오는 전통으로서 명확한 도덕적 내용을 가진 것으로 받아들이고 실천하면 할수록 우리의 삶은 더 나아질 것이다. '표층적'이면서 열정적인 신앙의 실천은 폭력을 촉진하기 쉬우나 '심층적'이면서 전적으로 헌신된 실천은 평화의 문화를 낳고 유지된다.[6] 종교와 폭력의 관계를 단순히 **양적인** 관계로 파악해 더 종교적이면 폭력성이 더하고 덜 종교적이면 폭력성이 덜하다는 식의 주장은 유치하고 오도된 것이다. 오히려 종교는 **질적인** 헌신의 입장에서 바라보는 편이 더 적절하다.

이번 장에서 종교가 폭력을 정당화하는 것이 기독교 신앙의 심각한 기능장애에서 비롯된다는 주장을 지지하기 위해 나는 기독교가 폭력적 경향을 보인다는 주요한 주장에 반론을 제기하려 한다. 이는 내 주장을 입증하기 위한 부정적인 측면의 논리다. 긍정적인 측면에서는 기독교의 핵심에 평화의 문화를 만들어 내고 유지하게 하는 아주 중요한 자원이 있다는 점을 드러내 보일 것이다.[7]

과거에 학자들은 기독교 신앙이 폭력을 촉진한다고 다양한 방법으로 주장해 왔다. 이 주제의 핵심을 잘 보여 주는 네 가지 대표적인 주장을 살펴보자.[8]

유일신 사상

「가인의 저주: 유일신 사상의 폭력적인 유산」(*The Curse of Cain: The Violent Legacy of Monotheism*)이라는 책을 쓴 리자이나 슈워츠(Regina Schwartz) 같은 학자들은 기독교 신앙이 폭력에 동조하는 이유가 유대교, 이슬람교와 함께 유일신 사상이고 따라서 배타적이고 폭력적인 종교이기 때문이라고 주장한다. 슈워츠는 "다른 모든 신에 대립하는 의미에서의 유일성이든지 오직 하나의 신만이 존재한다는 의미에서 전체성의 의미이든지 유일신 사상은 자신의 영역 밖에서 정의된 모든 것을 증오하고 매도하며 거부하고 추방한다"고 주장한다.[9] 하나의 신을 향한 믿음이 "정체성을 반명제적으로(antithetically) 형성한다면" 이 하나의 신을 향한 종교적 헌신은 정체성과 관련해 "우리는 '그들'이 아니므로 '우리'다"라는 그릇된 개념을 형성하고 "우리가 '그들'을 제거할 때에만 '우리'가 될 수 있다"는 폭력적인 실천에 기여하게 된다.

게다가 유일신 사상은 종교의 영역 안에 보편적 '진리'라는 범주를 집어넣는다.[10] 다른 학자들처럼 크로아티아의 종교사회학자인 젤리코 마르데시치(Željko Mardešić)는 이 문제가 유일신 사상의 배타성의 핵심에 놓여 있다고 언급한다. 오직 하나의 신만 존재한다는 믿음이 유일한 **진짜** 신을 향한 믿음을 의미한다는 것이다. 유일한 신의 도덕적·형이상학적 성격에 관한 진리 주장이 보편성을 띠면 불가피하게 공적 주장이 된다. 보편적이고 공적인 주장은 특정한 주제에 관한 것이든 일반적인 주제에 관한 것이든 이와 반대되는 주장과 마주칠 때 충돌을 야기한다. 마르데시치는 이러한 이유로 유일신 사상이 폭력적 유산을 가질 수밖에 없다고 주장한다.[11] 유일한 진리의 신이 신실한 '우리'의 편이고, 우리는 불신자요 배신자인 '그들'과 반대편에 있기 때문이다.

그런데 신이 하나라고 인정하는 것 그 **자체**가 폭력으로 이어지는지는 분명하지 않다. 신이 하나라는 것은 사람들을 '우리'와 '그들'로 나누려는 경향에 반대되는 방향으로도 작용하지 않는가? 하나의 신을 향한 믿음을 인정하고 그것을 진지하게 받아들인다면 모든 사람이 '안'에 있게 되고 모든 사람이 정확하게 같은 관계성 '안'에 있게 된다. 만일 당신이 그 '안'에 속하기를 원하지 않거나 그 '안'에 속하더라도 다른 관계를 원한다면, 같은 편이 된다는 것이 강제성을 띤다고 느낄 수 있다. 그러나 유일신 사상을 제거하더라도 우리와 그들 사이의 구분과 폭력은 사라지지 않을 것이다. 만일 '우리'와 '그들'이 종교적인 의미를 갖는다면 각자의 신에게 전쟁을 일으키도록 호소할 것이다. 이렇게 볼 때 다신교적인 맥락에서 폭력이 오히려 더 강력히 주장될 수 있다. 폭력을 자체적으로 정당화하거나 자의적인 기준에 의해 정당화하지만 양측을 관장할 신이 없으므로 갈등을 해결할 더 높은 재판정도 있을 수 없기 때문이다. 그러므로 유일신 사상이 하나의 신을 향한 모호하고 추상적인 믿음이고 고상한 내용을 가지고 있지 않다고 해도, 다신교나 무신론보다 더 많은 폭력을 일으키는지는 확실하지 않다.

사실상 어떤 유일신 사상도 그렇게 모호하고 추상적인 신 개념을 보이지는 않는다. 특히 기독교는 슈워츠가 비판하는 유형과 같은 폐쇄적이고 배타적인 정체성에 의해 촉발되는 폭력에 대해서는 강한 저항력을 가지고 있다. 기독교라는 유일신 사상은 삼위일체적이기 때문이다.[12] 삼위일체 신앙은 어떤 차이를 만들어 내는가?[13] 사회적 관계에서 삼위일체 교리의 가장 중요한 측면은 정체성을 규정하는 개념에 관한 것이다. 한 분이신 하나님이 성부, 성자, 성령이라고 믿는 것은, 예를 들자면 성부의 정체성은 성자와 성령의 정체성과 따로 떼어서 이해할 수 없다는 것이다. 성부의 정체성은 처음부터 성자와 성령의 정체성에 의해 정의되므로 획일적이거나 폐쇄적이지 않다. 성부를 성자나 성령이 아니라고 누구도 말할 수 없다. 성부는 성자와 성령의 현존을 자신 안에 지니고 있기 때문이다. 물론 성자와 성령의 경우도 성부와의 관계에서 그리고 성자와 성령 상호 간에도 같은 관계에 있다.

게다가 폐쇄적이지 않은 정체성으로서 신성의 위격들(divine persons)은 기독교 전통에서 완전한 사랑의 연합을 이룬다고 이해한다. 각각의 위격은 사랑으로 서로에게 자신을 내어 주며 서로를 받아들인다. 다른 위격으로부터 어느 것도 빼앗지 않고 다른 위격에게 어느 것도 부과하지 않으며 어느 위격도 다른 위격의 침해로부터 자신을 보호할 필요를 느끼지 않는다. 이렇게 신성의 모습은 전혀 폭력적이지 않으며 서로 강요하지 않고 환대하는 관대함으로 특징지어진다.

이러한 유일신 사상이 폭력을 촉진한다고 주장하기란 어려울 것이다.[14] 오히려 유일신 사상은 '초월적인' 영역에서 드러나는 신성의 사랑과 평화로움을 통하여 지금 이곳의 평화에 근거를 제공한다. 기독교의 유일신 사상에 폭력성이 내재되어 있다는 주장은 신에 관한 '심층적'인 종교적 서술을 부당하게 초라한 표층적 의미로 축소하고 이러한 내용을 사회적으로 의미가 있는 것으로 교리화할 때에나 가능한 이야기다. 이런 축소가 기독교 공동체 안에서 사실상 일어나고 있다는 사실에는 이의를 제기하지 않겠다. 그러나 이때 기독교 신앙은 심각한 기능장애를 일으킨다. 신을 초라한 단일적 존재로 받아들이는 것은 기독교 신앙에 폭력성이 내재한다는 증거가 아니라 오히려 기독교 신앙이 충분히 진지하게 다루어지지 않았다는 증거다.

창조

지금까지 기독교 신앙은 '심층적' 형태로는 폭력성을 띨 수 없으며 '표층적' 형태로서, 즉 '심층적'이라는 말이 표현하는 신성의 구분되고 복합적인 정체성 – 자유롭게 자신을 내어 주고 받아들이는 사랑에 의해 정의되는 본성을 지닌 – 이 획일적인 '단일성'으로 축소될 때에만 폭력이 발생할 수 있다고 주장했다. 그렇다면 매우 '심층적이고' '구체적인' 기독교 신앙이 폭력을 조장한다는 주장에는 어떻게 대처해야 할까? 이러한 주장은 세계의 창조와 마지막 완성에 관한 신앙을 중심적으로 다룬다.

하나님이 세상을 창조하셨다는 것은 기본적인 기독교의 교리다. 로즈마리 래드퍼드 류터(Rosemary Radford Ruether)는 「성담론과 신에 대해 말하기」(Sexism and God-Talk)란 책에서 성서의 창조주는 그 자신의 본성 밖에 있는 재료를 다루는 장인과 같다는 관찰을 제시한다. 하나님은 "남성적인 정력과 문화적인 힘(말씀-행위)을 결합하여 '위로부터' 세상에 형상을 부여한다."[15] 이렇게 설명하면 창조는 무형의 재료에 외부의 힘을 가하여 형상을 부여하는 행위의 결과가 된다. 그러므로 창조는 폭력적인 행위다.

　창조를 바라보는 이러한 설명은 무엇이 잘못되었을까? 거의 대부분이 잘못되었다. 선재(先在)하는 물질에 '형태를 부여하는 것'을 우리가 일상적으로 수행하는 작업의 비유적 표현이라고 생각하기보다 잠깐 창세기를 문자적으로 받아들여 창조를 가장 잘 묘사한 내용이라고 생각해 보자. 이렇게 이해한다면 어떤 사람들은 이 물질은 '뭔가 중요한 것'이며 특별한 의미를 지니기 때문에 존중해야 한다고 주장할 것이다. 그러나 하나님이 형태를 부여하는 대상이 되는 혼돈이 '뭔가 중요한 것'인지는 창조에 대한 설명 속에서 분명하게 나타나지 않는다. 혼돈이 '뭔가 중요한 것'이라 하더라도 장인이 조각품을 만들 때 사용하는 돌덩어리에 비유할 수는 없지 않은가? 미켈란젤로가 다비드상을 제작하기 위해 정으로 불꽃을 튀기며 돌을 쫄 때 이 작업을 폭력을 행사하는 것이라고 말할 수 없다. 이렇게 형상을 만들어 내는 작업이 폭력 행사가 되려면 모양이 변하는 재료 자체가 존중받을 가치가 있는 통합성을 지니고 있어야 한다. 만일 누군가가 미켈란젤로의 다비드상을 깨뜨려 산산조각을 낸다면 그것이 바로 폭력적인 행위가 될 것이다. 그러나 이러한 '깨뜨림'은 창세기에서 하나님이 형상을 부여하는 행위와 전혀 유사하지 않다.

　더구나 일반적으로 기독교 전통은 창조를 '형태를 부여하는 것'으로 이해하지 않았다. 기독교 전통은 창조주이신 하나님이 선재하는 물질로 작업을 하는 조물주가 아니라 **무로부터**(ex nihilo) 창조하셨다고 주장해 왔다. 창조를 이렇게 이해하는 것은 창조가 폭력적인 특성을 가진다는 추정에 중요한 영향을 미친다. 로완 윌리엄스(Rowan

Williams)가 「기독교 신학론」(*On Christian Theology*)에서 말했듯이 우리가 하나님이 창조하신다고 말할 때는 이미 존재하던 어떤 것에 '정의(definition)를 부여하는 것'이 아니라 '정체성을 창조하는 것'을 의미한다. "하나님의 말씀 이전에는 뭔가 부과할 어떤 것도 없었다"[16]고 그는 덧붙인다. 창조는 우리가 일상적으로 사용하는 외부적인 힘의 행사가 아니다. 윌리엄스는 다음과 같이 말한다.

> 힘은 x에 의해서 y에게 행사된다. 그러나 창조는 힘이 아니다. 왜냐하면 어떤 것에 대해서도 행사되는 것이 아니기 때문이다. 물론 우리는 창조가 하나님의 잠재 능력이나 뛰어난 지략 혹은 능동적인 생명의 풍성함을 전제한다고 말할 수 있을 것이다. 때로 '힘'은 이러한 의미로 사용되기도 한다. 그러나 창조는 어떤 종류의 부과나 조작이 아니다. 하나님은 우리가 '자연적으로' 가지게 되는 역할이 아닌 그분이 원하시는 역할을 부과하지도 않으시고, 우리 자신의 체계가 아닌 하나님의 체계를 통해 우리를 정의하지 않으신다.…이것은 인간이 자신의 행복과 이익을 위해 신에 대항해서 투쟁한다는 프로메테우스적인 신화가 전혀 말이 되지 않는다는 것을 의미한다. 피조물이 된다는 것이 외부적인 힘에 의해 희생된다는 것을 뜻하지 않는다.[17]

창조는 강요 행위가 아니다. 오히려 세계를 하나님의 창조물로 이해하지 못할 때 이 세상 속 존재 간의 관계, 특히 인간의 관계가 폭력일 수 있다는 주장이 가능해진다.[18] 정체성을 창조된 것으로 여기지 않는다면 정체성의 경계는 존재 간의 상호작용을 통해 나타나야 한다. 이러한 상호작용 자체가 폭력적이라고 묘사할 수 있다. 왜냐하면 경계는 자의적이어서 늘 다툼이 생기기 때문이다. 희소한 자원 때문에 경계가 협상의 방식을 띤다 해도 결국은 힘겨룸의 결과물이 되고 만다. 게다가 경합하는 주체 간의 힘겨룸을 중재할 궁극적 외부 존재도 없다.

구속

그러나 **새 창조**의 경우는 어떠한가? 죄의 결과로부터 창조 세계를 구속하시는 하나님의 행위는 어떠한가? **새 창조는 무로부터의 창조**(creatio ex nihilo)가 아니라 **옛 창조로부터의 창조**(creatio ex vetere)임이 분명하다. '죄 많은' '옛' 창조 세계는, 비록 기독교 신앙에 의하면 진정한 본연의 모습과 긴장 관계에 있다고 해도, 그 자체의 통합성이 있다. 고로 하나님에 대항하여 자신의 의지를 행사할 수 있고 또 그렇게 한다. 이 세상을 구속하고 완전한 사랑의 세상으로 변화시키기 위해 하나님은 이미 존재하는 죄 많은 세상에 개입하신다. 이러한 개입이 폭력은 아닐까? 이로써 인간들에게 폭력을 행사하는 것은 아닐까?

하나님의 구속을 위한 개입이 폭력적이고, 그로 인해 폭력이 야기된다고 하는 근본적인 비판가들이 후기 구조주의 사상가 중에서 나왔다. 그들은 하나님이 세상을 변화시켜 성취해야 할 목표를 확정하는 것과 그 변화를 수행할 행위자를 구체화하는 가운데 폭력이 발생한다고 본다. 그들의 설명에 의하면 **지금 존재하는 것**에 반대하여 **앞으로 나타나야 할 것**이 폭력적이지 않으려면 완전히 타자로 남아 있어야 하며, "존재신학적(onto-theological) 혹은 목적론적 종말론의(teleoeschatological) 프로그램이나 설계"로 표현되어서는 안 된다.[19] 존 카푸토(John Caputo)는 그의 스승인 자크 데리다(Jacques Derrida)의 표현을 통해서 "만일 메시아가 실제로 나타나게 된다면…모든 것을 망쳐 놓게 될 것이다"라고 말했다.[20] 어떤 메시아라 할지라도 필연적으로 무언가를 또는 누군가를 배제하기 때문에 그는 문제아가 된다. 그러므로 유일하게 받아들일 수 있는 바람직한 변화의 목표는 어떠한 전제 조건 없이 이방인을 환영하는 자세인 '전적인 환대'다. 이 전적인 환대를 성취하기 위해서는 "근본적이면서 끝없이 무한한…비판"이라는 개입이 필요하겠지만 말이다.[21]

'전적인 환대'는 관대하고 평화로워 보인다. 그러나 잘못에 적절한 주의를 기울이지 않은 채 뉘우치지 않은 범죄자와 치유되지 않은 희생자가 같은 식탁에 둘러 앉거나 같은 집을 나누어 쓰게 된다면 이야기는 달라진다. 중요한 관점에서 이러한 생각은 니체가 말하는 생의 긍정에 지나치게 근접하는 듯하다. 니체는 존재하는 모든 것에 대해 거룩한 'yes'를 말하고, 역사의 크고 작은 공포를 포함해 존재했던 모든 것에 대해 '내가 그렇게 원하였다'고 말한다.[22] 하지만 전적인 환대는 결코 폭력을 없애는 데 이르지 못한다. 반대로 비폭력이란 가면 아래 폭력을 보좌에 앉힌다. 왜냐하면 범죄자를 변화되지 않은 상태로 놓아두며 폭력의 결과를 치유되지 않은 상태로 방치하기 때문이다. 환대는 이 세상이 사랑으로 변화되어 각 사람이 모든 사람에게 그것을 베풀 수 있을 때에야 가능하다. 불의와 기만과 폭력의 세상 속에서 환대를 향한 의지와 환대의 제공은 무조건적일지라도, 환대는 조건적일 수밖에 없다.[23]

이 세상이 사랑으로 변하기 위해서는 차별 없는 수용이 아니라 근본적인 변화가 필요하다. 기독교 전통은 이 변화를 십자가에 달리고 부활하셔서 영광 중에 나타나실 메시아와 연결했다. 이러한 메시아의 개입이 폭력적인가? 메시아의 개입이 인간의 폭력을 승인하는가? 메시아의 초림(初臨)을 살펴보면 대답은 간단하다. 예수 그리스도는 폭력적인 행위로 악한 자들을 정복하러 세상에 오신 게 아니라 자신을 내어 주는 사랑으로 그들을 하나님과 화해시키기 위해 죽으러 오셨다. 십자가 위에서 고통당하는 그리스도의 몸과 펼친 두 팔이 그의 사명을 오롯이 드러낸다. 그는 인간의 죄악을 지심으로 죄악의 권세로부터 인간성을 자유롭게 할 뿐 아니라 하나님과의 교제를 회복시키셨다. 십자가의 고통이 그리스도가 행한 모든 것은 아니지만 십자가야말로 우리가 그의 사역을 어떻게 이해해야 하는지를 알려 주는 결정적인 기준이 된다.

십자가에 달린 이를 향한 신앙이 폭력을 일으키는가? 콘스탄티누스 황제가 회심한 이래 자기 식대로 그리스도를 따르는 이들이 십자가의 표지 아래 끔찍한 폭력을 자행해 왔다. 수세기 동안 사순절과 고난주간은 유대인에게 두려움과 공포의 시기였다. 그리스도인은 예수가 십자가형에 처해진 이유가 유대인 때문이라고 비난하며 역사상 가장 잔혹한 유대인 학살을 자행했다. 무슬림도 십자가를 폭력과 연결한다. 십자군이 십자가 상징 아래서 날뛰었기 때문이다.

그러나 예수 그리스도의 이야기를 편견 없이 읽어 보면 이러한 폭력의 자행과 연관된 어떤 근거도 찾을 수 없다. 예수의 죽음에 대한 베드로전서의 설명이 신약성서 전체의 증언을 잘 요약하고 있다.

이를 위하여 너희가 부르심을 받았으니 그리스도도 너희를 위하여 고난을 받으사 너희에게 본을 끼쳐 그 자취를 따라오게 하려 하셨느니라. 그는 죄를 범하지 아니하시고 그 입에 거짓도 없으시며 욕을 당하시되 맞대어 욕하지 아니하시고 고난을 당하시되 위협하지 아니하시고 오직 공의로 심판하시는 이에게 부탁하시며 친히 나무에 달려 그 몸으로 우리 죄를 담당하셨으니 이는 우리로 죄에 대하여 죽고 의에 대하여 살게 하려 하심이라. (벧전 2:21-24)

십자가의 이야기가 폭력과 관련될 위험이 있다면 그것은 타인의 학대를 순전히 받아들이도록 가르치는 데 있는 것이지 누군가에게 해를 끼치게 하는 데 있지 않다. 십자가의 이름으로 폭력이 자행될 때 그것은 예수 그리스도의 큰 이야기 속에서 지니는 '심층적' 의미를 상실한 채 종교적인 소속감과 권력의 상징을 드러내는 '표층적'인 방식으로 축소되어 버리고, 그리스도인이 십자가에 달리신 분을 따르지 않고 그를 십자가에 못 박은 사람들을 모방하여 변질되면서 그리스도인이 아닌 사람들이 피를 흘리게 되었다.

새 창조

마지막으로, 영광 중에 오실 메시아는 어떠한가? 그는 그를 따르는 사람들을 위해 기꺼이 오실 것이다. 요한계시록은 그를 백마 탄 자라고 묘사하지 않는가? "그 눈은 불꽃 같고" "피 뿌린 옷을 입었으며" "그의 입에서 예리한 검이 나와 만국을 치겠고" "하나님 곧 전능하신 이의 맹렬한 진노의 포도주 틀을 밟겠다"고 묘사하지 않는가?(계 19:12-15) 어떤 신약성서 학자들은 백마 탄 자를 신약성서의 일반적인 비폭력적 입장에 맞도록 재해석하려는 시도를 해 왔다.[24] 그러한 노력이 의미 있는 것은 요한계시록에서 **순교자들**이야말로 진정한 승리자이며 그들에 대한 짐승의 승리는 착취하고 폭력적인 짐승에 대한 순교자들의 역설적 승리다. 이렇게 해서 그들은 죽임당하신 어린양인 예수 그리스도를 본받는다. 예수 그리스도는 희생적인 죽음을 통해서 적들을 정복하셨다.[25]

그러나 말 탄 자가 단지 어린양인 것만은 아니다. 그는 **최후의 심판자**로서의 역할을 담당하는 어린양이다. 그렇다면 왜 최후의 심판이 필요한가? 최후의 심판이 없다면 모든 인간은 자신들이 얼마나 깊이 죄악에 물들었든지 결국은 하나님 사랑의 매혹에 압도당하거나 그렇지 않으면 자신들이 저지른 악뿐만 아니라 삶에 미치는 악의 파괴적인 영향력까지도 기꺼이 포용하게 될 것이라고 가정해야 한다. 이러한 믿음은 '어두움의 중심'을 거리낌 없이 바라보지 못하는 데서 오는 현대의 미신에 지나지 않는다. 첫째, 선은 악을 극복할 수 있고 실제로도 그렇다. 그러나 사람들이 악을 저지를수록 선에 대항하는 악의 방패도 점점 더 두꺼워진다. 둘째, 악이란 자기모순적이어서 그냥 놔두면 스스로를 파괴한다. 그러나 악을 행하는 자들은 더 효과적으로 악을 저지르며 어떻게 하면 다른 이들에게 큰 해를 끼치면 지속적으로 번성할 수 있는지 깨우치는 지경에 이르도록 악을 행한다. 요한계시록은 모든 악이 선에 의해 극복되거나 자기 파괴적이라고 가정하는 것을 정당하게 거부한다. 그러므로 요한계시록은 지속적으로 악을 행하며 회개하지 않는 이들에게 하나님이 강제력을 행하실 가능성을 배제하지 않는다. 폭력에서 구속되기를 거부하는 사람들은 사랑의 세계에서 배제될 것이다.

하나님이 강제력을 행하실 가능성을 우리는 어떻게 이해해야 하는가? 기독교 신앙의 전체적인 맥락에서 볼 때 하나님의 강제력이란 그분의 고통당하시는 사랑(suffering love)에 의해 구속되기를 거부하는 모든 존재가 결국은 배제될 것이라는 믿음에 대한 상징적인 묘사로 보는 것이 가장 적합한 설명이다. 마지막 날 하나님은 실제로 어떤 사람들을 배제하실 것인가? 꼭 그렇지는 않을 것이다. 나는 하나님의 강제를 '가능성'이라고 말했다. 왜냐하면 하나님은 거부하는 사람들을 변화시켜 사랑의 세계로 받아들이실 것이기 때문이다. 그럼에도 누군가는 끝까지 이러한 사랑을 거부할 것인가? 나는 그렇지 않기를 바란다. 성경과 최상의 기독교 전통은 누군가 하나님의 사랑을 거부하여 결국 배제될 것이라고 단언하고 있지 않다.[26]

새로운 창조가 일어날 때 완전한 사랑의 세계에 반대되는 것을 하나님이 배제하는 것이 필연적이지 않더라도 가능하다. 우리가 다루는 주제에서 중요한 문제는 하나님이 역사의 마지막 때에 강제력을 행하실 수 있다는 관점이 사람들에 의한 실제적인 폭력의 행사를 재가하는 것인가라는 점이다. 요한계시록을 포함한 신약성서 전체는 이에 대해 명확히 '아니다'라고 말한다. 인간의 거룩함의 정점은 하나님을 모방하는 것이지만, 오직 하나님만 하실 수 있는 일들이 있다. 그중에 하나가 폭력을 동원하는 것이다.

그리스도인이란 백마를 탄 분의 깃발 아래 모이는 사람이 아니라 십자가를 지고 십자가에 달리신 분을 따르는 사람임이 분명하다. 그와 다르게 행동하고자 한다면 그들은 신앙의 '심층적' 차원을 '표층적'으로 만들고, 신앙을 파괴적이고 악하게 사용하는 셈이 될 것이다. 어떻게 하면 그렇게 될까? 첫째, 그리스도인이 스스로 무지하고 교만해져서 하나님께만 허용된 일을 취하려 할 때 그렇게 된다. 둘째, 마지막 때에 하나님이 회개를 가능하게 하기 위해 자제하시는 때에 그리스도인이 폭력을 잘못 행사하려 할 때 그렇게 된다. 마지막으로, 그리스도인이 미래의 폭력의 가능성을 현재의 실제적인 폭력으로 잘못 변형시킬 때 그렇게 된다. 그러므로 기독교의 종말론적 신앙을 '심층적'으로 이해한다면 현재 인간의 폭력은 정당화될 수 없다. 오히려 그 반대로 폭력을 거부하게 된다.[27]

정리해서 말하자면 기독교 신앙이 폭력을 정당화하기 위해 사용된 적이 없다거나 기독교 신앙 안에 그러한 정당화가 이루어질 수 있는 요소가 전혀 없다는 관점이 아니라는 점을 다시 한 번 강조하겠다. 이 장의 핵심은, 유일신 사상으로서 기독교 신앙의 특징과 하나님이 세상을 창조하고 구속하는 데 관여하신다는 사실을 포함한 기독교 신앙의 기본적인 믿음의 일부가 폭력을 이끌어내지 않는다는 것이다. 기독교 신앙이 폭력을 정당화하는 데 사용된다면 그것은 **오용**이다.

그러한 오용은 어떻게 일어나며 우리는 어떻게 그것을 막을 수 있는가? 우리가 기독교 신앙에서 도덕적 내용을 제거한 채 신앙을 거룩한 아우라를 발산하는 문화적인 자원으로 축소한다면, 갈등의 상황에서 종교적 폭력을 정당화하고 폭력에 영감을 불어넣기 쉽다. 우리가 기독교 경전에 뿌리박힌 역사적인 기독교 신앙을 따라 사람들을 양육한다면 그들은 평화를 위한 전사가 될 것이다. 이것은 단지 기독교 신앙의 내적 논리를 검토한 결과만이 아니라 현장의 실천을 세심히 관찰한 결과에서 나오는 것이기도 하다. R. 스코트 애플비(R. Scott Appleby)가 사례 연구를 통해 「거룩함의 이중성」(*The Ambivalence of the Sacred*)에서 주장했듯이, 널리 퍼진 오해와 달리 일반적으로 신앙인들은 갈등 속에서 긍정적인 역할을 하고 평화에 기여한다. '그들의 종교를 순화하거나 그들에게 생생하게 상징화된 매우 구체적 신념을 약하게 함으로써'가 아니라 오히려 '그들의 신앙을 실천하는 사람으로서' 평화에 기여하게 되는 것이다.[28]

결론을 대신하여

기독교 신앙이 본래 폭력적이지 않으며, 신앙을 진지하게 받아들이는 그리스도인이 폭력을 자행하는 경향을 보이지 않는다면, 왜 기독교 신앙의 폭력적인 성격에 대한 오해가 넘쳐 나는 걸까? 나는 이미 대답의 일부를 제시했다. 그리스도인은 그들이 필요하다고 생각하는 폭력을 정당화하는 데 신앙을 그릇되게 사용해 왔고 지금도 계속해서 그렇게 하고 있다. 그것도 아주 대규모로 말이다. 그러므로 기독교 신앙에 대한 오해는 그리스도인의 잘못된 행동을 반영하고 있다. 또한 그리스도인의 잘못된 행동은 신앙에 대한 그릇된 이해와 연결되어 있다. 그것은 '심층적'이고 근본적인 신앙의 요소들을 '표층적'이게 만듦으로써 발생한다.[29] 하지만 이보다 더 중요한 이유들이 있다. 대부분의 그리스도인과 일반적인 차원에서 대부분의 신앙인은 비폭력적인 시민이고, 평화를 사랑하며 화해를 이끌어내고 평화를 행하는 활동가들이기도 하다. 그들은 종교적인 이유에서 그렇게 행한다. 종교적인 정당성을 추구하여 폭력을 일삼는 자들은 그리스도인이나 다른 신앙인 가운데 통계적으로 소수에 불과하다.

그런데 왜 반대되는 의견이 널리 퍼진 것일까? 그 이유는 다양하다. 아비샤이 마갈릿(Avishai Margalit)이 종족의 소속감에 관해 쓴 내용이 종교에도 적용될 수 있다. "당신의 음식에서 바퀴벌레가 한 마리만 발견되면 나머지 맛있는 음식을 나쁜 경험으로 만들기에 충분하다… 30-40개의 싸우는 종족이 1,500개 이상의 평화롭게 사는 종족을 부정적으로 보이게 하는 데 충분하다."[30] 악이 두루 퍼져 있는 선보다 더 크고 확연하게 보이는 경향을 **부정적인 것의 자기팽창**(self-inflation of the negative)이라고 말할 수 있다.

이러한 경향은 현대사회에서 대중매체가 정보의 흐름을 지배하기 때문에 더 강화된다. 다음의 두 사례를 주의 깊게 비교해 보라. 십자가를 목에 걸고 무슬림 여인들을 성폭행하는 세르비아 준군사 조직의 병사는 머리기사를 장식하게 되고 종교 폭력을 다루는 책들을 통해 영구히 그 이미지가 사람들에게 각인된다. 크로아티아 오시에크의 의사인 카타리나 크루호니아(Katarina Kruhonja)는 평화 활동에 헌신하여 대안적 노벨상이라고 불릴 정도로 권위 있는 '바른 생활상'(Right Livelihood Award)을 수상한 바 있고 전적으로 종교적인 동기로 활동하고 있지만 사람들에게 잘 알려져 있지 않다. 그녀는 세르비아가 오시에크를 폭격할 때 십자가에 달리신 그리스도에게 자신의 중심을 맞춤으로 '자유로운 의지로' 평화 활동가가 되었고 '배제하는 힘과 전쟁의 논리에 저항할 수 있게 되었다'고 썼다.[31] 우리는 크루호니아와 같은 사람들을 잘 알지 못한다. 왜냐하면 그들의 활동이 성공하려면 외부로 노출되지 않아야 하기 때문이다. 그러나 우리가 이러한 사람들을 잘 모르는 이유는 시장이 이끌어 가는 세상 속에서 대중매체의 소통이 보이는 특성 때문이기도 하다. 폭력은 잘 팔린다. 그래서 시청자들은 폭력을 빈번히 보게 된다. 방송국들은 실제적인 폭력과 미디어로 표현되는 폭력 간의 비례가 불일치하는 지점에는 관심을 기울이지 않는다.

대중매체는 시청자의 기호에 따라 리얼리티를 창조한다. 왜 세르비아의 준군사 조직의 성폭행범이 크루호니아보다 더 '흥미롭게' 보이는가? 왜 우리는 그의 목에 걸린 십자가를 보면서 그의 행동이 종교적인 신앙과 관계가 있다고 생각하면서도 그의 손가락에 낀 반지를 보면서 결혼이라는 제도를 비난하지는 않는가? 종교가 대중의 상상력 속에서 평화보다 폭력에 더 자주 연결되는 까닭은 부분적으로는 대중이 폭력에 열광하기 때문이다. 우리는 효과적인 정책에 의해 안정이 보장되는 나라에 사는 평화를 사랑하는 시민이지만 폭력을 보는 데는 채워지지 않는 갈증을 느낀다. 이는 관찰자가 됨으로써 겉으로 혐오하는 폭력에 대해 악의적인 참여자가 됨을 드러낸다.[32] 우리는 특히 종교적인 폭력에 관심이 많다. 왜냐하면 위선, 그중에 특히 종교적인 위선의 폭로에 깊은 관심을 보이는 것은 당연하기 때문이다. 내적으로 잠재한 폭력성과 무언가 폭로되는 것을 즐기는 두 가지 요인을 결합해 보라. 그러면 우리 스스로가 폭력적이면서도 다른 이들은 다르게 행동하기를 기대하고, 부분적으로 이러한 이유 때문에 신앙인들이 폭력에 관여되었다는 이야기를 듣기 원하는 이유를 알 수 있다.

우리에게 내재한 폭력적 성향을 좀더 비판적으로 보고, 미디어에서 드러나는 폭력에 좀더 의구심을 품는다면 우리는 다양한 종교가 존재하는 모습 속에서 폭력의 분출이 아니라 신앙인들이 세계를 더 평화로운 곳으로 만들기 위해 노력하는 모습을 보게 될 것이다. 그렇게 되면 쌍둥이 빌딩을 파괴한 테러리스트들에게 종교적인 동기가 있다는 망상에 사로잡히지 않을 것이다. 대신 우리는 종교가 대부분의 미국인에게 위기의 시간에 위로를 주고 삶의 방향을 제시하는 근거가 되었을 뿐만 아니라 많은 미국인이 종교적 동기로 희생자를 돕고 무슬림을 정형화하는 움직임으로부터 보호하고 비종교적인 동기에서 격발된 폭력 때문에 서로 대립하게 된 종교와 문화 사이에 다리를 놓았다는 사실에 깊은 감명을 받을 것이다.

기독교 신앙을 제대로 이해한다면 강요하거나 나태해질 수 없다. 예언자적 종교로서 기독교 신앙은 강요하지 않는 방식으로 세상에 참여하여 우리의 노고를 축복하고, 우리의 실패를 위로하고, 복잡한 세상에서 도덕적인 지침이 되어 주며, 우리의 삶과 활동을 지지하는 의미의 체계를 제공해 준다. 세상에 참여하기 위해 그리스도인은 다음 한 가지에 특히 주의를 기울여야 한다. 그것은 하나님과 인간 번영의 비전 간의 관계다.

4장
인간의 번영

희망은 기독교적인 의미에서 볼 때 미래로 펼쳐지는 사랑이다.

희망이란 미래에 무엇인가 기대하는 바람이다. 하지만 기대하는 모든 것을 희망으로 볼 수는 없다. 예를 들어 치과 진료를 받는 일은 희망이라기보다는 불안한 마음으로 기대하는 것이다. 조셉 파이퍼(Josef Pieper)는 그의 저서 「희망과 역사」(*Hope and History*)에서 "내가 기대하는 바가 **선한 것**일 때 그것을 '희망'이라고 말한다"라고 썼다.¹ 하지만 우리 곁으로 오는 모든 선한 것을 희망이라 이야기하기는 어렵다. 예를 들어 나는 어두운 밤에 푹 쉬고 나서 새로운 여명을 희망하지는 않는다. 왜냐하면 밤이 지나고 내일이 되면 해가 뜬다고 **알고 있기** 때문이다. 하지만 뜨거운 여름을 피해 시원한 바람을 희망할 수는 있다. 이렇게 볼 때 일상적인 언어에서 '희망'이란 **당연하게 이루어지지 않는 선한 것에 대한 기대**라고 말할 수 있다.

기독교 신앙은 일상적으로 사용하는 '희망'이라는 단어에 또 다른 의미의 결을 만들어 준다. 위르겐 몰트만(Jürgen Moltmann)은 「희망의 신학」(Theology of Hope, 대한기독교서회)에서 희망과 낙관주의를 구분한다. 모두 긍정적인 기대에 관한 개념이지만 이 둘은 다르다. 낙관주의는 과거나 현재에 이미 잠재되어 있다가 미래에 나타나는 좋은 것이다. 낙관주의와 연결되어 있는 미래를 몰트만은 푸투룸(futurum)이라고 부르는데, 이미 존재하는 좋은 것이 펼쳐지는 것이다. 우리는 과거와 현재를 살펴 미래에 나타날 가능성을 추정하여 긍정적인 전망을 갖게 될 때 낙관적이 된다. 반면 희망은 '외부', 즉 하나님으로부터 우리에게 주어지는 좋은 것과 연관된다. 이것을 몰트만은 아드벤투스(adventus)라고 부르는데, 새로운 것을 선물로 받는다는 의미를 지니고 있다.[2] 우리는 하나님의 약속의 말씀을 듣는다. 하나님은 사랑이시므로 그분의 신실하심을 믿는다. 그러면 하나님이 '새로운 것'을 선물로 주신다. 예를 들어 늙은 사라는 아이를 낳을 수 있는 나이가 아니었으나 아들을 낳았고(창 21:1-2, 롬 4:18-21), 십자가에 못 박혀 돌아가신 주님은 부활하셨고(행 2:22-36), 강력한 바벨론은 무너지고 새 예루살렘이 하늘에서부터 내려온다(계 18:1-24; 21:1-5). 좀더 일반적으로 말하자면 불가능하게 보이던 일이 가능해질 뿐만 아니라 아예 현실이 되는 것이다.

하나님으로부터 선물로 선한 것을 받으리라는 기대, 그것이 희망이다. 그것은 우리 자신과 우리가 사는 세상의 미래로 펼쳐지는 사랑이기도 하다. 왜냐하면 사랑은 늘 선물을 주며 사랑 그 자체가 선물이기 때문이다. 반대로 말하자면 모든 참된 선물은 사랑의 표현이기도 하다. 사랑의 하나님으로부터 내려오는, 우리가 희망하는 미래의 중심에는 개인과 공동체와 온 세상의 번영이 있다. 그런데 "죽은 자를 살리시며 없는 것을 있는 것으로 부르시는"(롬 4:17) 사랑의 하나님이 인간의 번영과 어떻게 연결되는 것인가? 인간의 번영이 사랑의 하나님으로부터 오는 선물이라면 우리는 그것을 어떻게 이해해야 하는가?

인간의 번영

서구에서 인간의 번영을 일반적으로 어떻게 이해하고 있는지 생각해 보자. 이전 시대의 이해와 오늘날의 이해는 어떤 차이를 보이며, 그 결과가 무엇인지도 살펴보자.

만족

서구에서 많은 이가 번영하는 인간의 삶이란 경험적으로 만족스러운 삶이라는 생각에 '필이 꽂혀 있다.' 이것은 속어이지만 사람들의 심리를 오히려 정확하게 표현한다. 이 말은 만족의 경험이 인간 번영의 바람직한 측면이어서, 다른 조건이 동일하다면 만족을 경험하는 사람만 번영한다는 의미는 아니다. 예를 들어 우리는 슬픔에 빠지거나 고통 속에 있을 때보다는 활기차고 건강할 때 보다 더 번영할 수 있다. 물론 고통이 선함을 위해 쓰일 때가 있으며 지나친 기쁨이 허상일 수 있다는 말도 옳다. 고대 스토아학파의 학자 중에는 형틀에 매여 있을 때에도 집에서 편히 지낼 때만큼이나 안락함을 누릴 수 있다고 믿는 이도 있었지만, 인간의 역사에서 대부분의 사람들은 만족을 경험하는 것이 번영을 강화한다고 믿어 왔다.

이와 대조적으로 서구의 상당수는 경험적 만족감이 삶의 전부라고 생각한다. 경험적 만족이 번영을 강화하는 것이 아니라 인간의 삶 자체를 정의한다고 여긴다. 이런 사람들은 만족감을 느끼지 못하면 – 만족을 표현할 때 사람들이 선호하는 표현을 사용하자면 **행복하다고 느끼지 못하면** – 번영을 누리고 있다고 전혀 생각하지 못한다. 그들에게 인간의 번영은 곧 경험적으로 만족스러운 삶에 있는 것이다. 만족이 없으면 번영도 없다. 만족을 주는 근원은 다양하다. 클래식 음악 감상부터 마약까지, 품위 있는 음식을 즐기는 것부터 변태적인 섹스까지, 스포츠에서 종교에 이르기까지 말이다. 그런데 근원보다는 실제적 만족이 더 중요하다. 우리의 생활방식과 활동은 얼마만큼 만족을 줄 수 있느냐에 따라 정당화된다. 만족을 느끼면 사람들은 번영하는 것처럼 느낀다.

필립 리프(Philip Rieff)는 수십 년 전에 「치유요법의 승리」(*The Triumph of the Therapeutic*)라는 책에서 우리의 문화가 근원적인 상징과 신념에 따라 선한 삶을 추구하기 위해 지속적으로 노력하는 문화가 아니라 즐거움의 추구를 위해 관리되는 문화라고 말했다.[3] 이것은 너무 광범위한 일반화이긴 하나 매우 중요하고 빠르게 확산되고 있는 경향이다.

하나님을 사랑하는 것과 보편적 연대

현대 서구 문화와 그 문화가 암묵적으로 당연하게 여기는 인간의 번영을, 서구 전통의 역사 속에 나타나는 두 가지 지배적인 모델과 비교해 보자. 5세기에 살았던 교부 아우구스티누스는 서구의 종교와 문화에 지대한 영향력을 미치는 인물이며, 지금 살펴보고자 하는 두 가지 지배적 모델 중 첫 번째 모델을 대표한다. 그의 주요 저작 중 하나인 「삼위일체론」(On the Trinity, 크리스챤다이제스트)에서 행복한 삶에 관해 성찰하면서 그는 이렇게 말했다. "하나님은 모든 선한 것, 특히 사람을 선하게 만들고 행복하게 하는 모든 것 속에서 발견되는 유일한 근원이시다. 오직 하나님으로부터 이 모든 것이 나오며 사람에게 영향을 미친다."[4] 따라서 인간은 삶의 중심을 진, 선, 미의 근원이신 하나님께 맞출 때 번영을 이루고 진심으로 행복하다. 창조된 모든 것은 사랑을 받아 마땅하다. 하지만 진정으로 사랑하고 온전히 그리고 진심으로 그것들을 즐기기 위해서는 '하나님 안'에서 사랑하고 즐겨야 한다.

아우구스티누스는 많은 사람이 생각하는 것처럼 원하는 것을 모두 가진 사람이 행복하다는 데 흔쾌히 동의할 것이다. 하지만 즉시 '어떤 것도 그릇되게' 원해서는 안 된다고 덧붙일 것이다.[5] 즉 사랑 자체이신 창조주의 성품과 그의 뜻에 맞게 원해야 한다는 것이다. 인간을 진심으로 행복하게 하는 최고의 선은 이 책에서 말하는 번영하는 삶의 고유한 내용이며, 그것은 하나님과 이웃을 사랑하고 그 사랑을 즐거워하는 데 있다. 아우구스티누스는 「신국론」(City of God, 크리스챤다이제스트)에서 이것을 '완전한 질서와 조화를 유지하면서 하나님을 즐기며, 하나님 안에서 서로를 즐기는 것'이라고 표현했다.[6]

18세기에 이르러 인간의 번영에 대한 또 다른 설명이 서구에서 나타났다. 많은 학자가 이를 '인간 중심적인 이동'(anthropocentric shift)이라고 불렀는데, 사람들의 관심이 초월적이신 하나님으로부터 인간과 그들의 세속적인 삶으로 서서히 방향 전환하는 것을 말한다. 찰스 테일러(Charles Taylor)는 「세속적인 시대」(A Secular Age)라는 저서에서 이러한 새로운 휴머니즘이 '고대 사회의 인간 본성에 대한 일반적인 윤리'

와 다른 점은 인간의 번영에 대해 "인간이 경외하고 사랑하거나 인정해야 하는 더 높은 것에 대한 언급이 없는 점이다"라고 썼다.[7] 아우구스티누스와 그를 따르는 전통에서 인간보다 높은 존재는 하나님이었다. 하지만 현대인의 휴머니즘은 하나님을 중심으로 한 인간의 삶이라는 생각으로부터 탈피함으로써 배타적인 가치가 되어 버렸다.

새로운 휴머니즘은 하나님과 그분을 사랑하라는 명령을 거부하지만 이웃을 사랑하라는 도덕적 책임은 유지했다. 이 시기 휴머니즘이 보여 주는 선한 삶에 대한 비전의 핵심은 민족이나 국가의 경계를 넘어 모든 인간에게 보편적으로 선행을 베푸는 것이었다. 이러한 이상을 당장 실천하기란 어려웠다. 열등하다고 생각하는 어떤 집단이 사실상 선행의 대상에서 제외되기도 했다. 하지만 인류가 서서히 추구하는 목적은 개인의 번영이 모두의 번영과 연결되어 있고 모두의 번영이 곧 개인의 번영이라는 인간관계의 상태였다. '능력에 따라 일하고 필요에 따라 분배를'[8]이라는 표현 속에 담긴 공산주의에 대한 마르크스의 비전은 많은 문제를 안고 있긴 하나 역사적으로 인간의 번영에 관한 한 가장 영향력 있는 개념이었다.

20세기 말에 이르러 또 한 번의 변화가 일어났다. 인간의 번영을 종교적이거나 세속적인 이해에서 보는 서로 다른 생각이 견고하게 남아 있었지만, 인간의 번영을 경험적 만족과 연관시키는 새로운 움직임이 생겨난 것이다. '인간이 존경하고 사랑해야 할 높은 존재'에 대한 이전의 관심은 진작에 사라졌지만 보편적인 인간 연대에 대한 개념도 이내 사라졌다. 이제 남은 것은 자신을 향한 관심과 만족을 경험하고자 하는 욕망밖에 없다. 그렇다고 오늘날 사람들이 사회로부터 동떨어져 개인의 만족만 추구하지는 않는다. 또한 다른 사람에 대해 전혀 상관하지 않는 것도 아니다. 그들은 다른 존재와 깊이 관여되어 있다. 하지만 그들은 주로 개인적인 만족을 경험하는 데 유용할 때에만 관심의 대상이 된다. 이런 부류에 속해 있는 신앙인들은 이러한 관점을 하나님에게도 적용한다. 사랑의 껍데기인 욕망은 남았지만 자아에만 배타적으로 집중하므로 사랑 그 자체는 사라졌다.

희망

인간의 번영을 파악하는 세 가지 단계, 즉 하나님과 이웃을 향한 사랑, 보편적인 선행, 그리고 경험적 만족감에 이르는 과정을 살펴보는 하나의 방법은, 사랑하는 대상이 축소되는 역사로 이해하는 것이다. 무한한 하나님의 광대함으로부터 보편적인 인간 공동체라는 경계로 사랑의 폭이 점차 줄어들었고, 그러고 나서 자아라는 대상으로 급격하게 축소되었다. 이와 함께 인간이 바라보는 희망의 범위도 축소되었다.

앤드류 델반코(Andrew Delbanco)는 21세기가 시작될 때 「진정한 아메리칸 드림」(*The Real American Dream*)이라는 책을 썼다. 그는 미국인들의 희망이 점차 축소되어 가는 과정을 탐구한다. 내가 이 책에 관심을 두는 이유는 미국이 우리가 앞서 말한 관점의 변화라는 전형적인 증상을 보여 주기 때문이다. 세계화 과정에 연루된 여러 사회에서도 이와 유사한 희망의 축소를 찾아볼 수 있을 것이다. 책의 목차를 보면 델반코가 분석하는 요점을 알 수 있다. 이 책은 '하나님' '나라' '자아'로 나뉘어 있다. 무한하신 하나님, 그리고 하나님과 이웃(적어도 이웃 중 일부!)을 즐거워하는 영원한 삶, 이런 가치는 미국을 건설한 청교도의 희망이었다. 19세기 미국의 민족주의자들, 특히 에이브러햄 링컨 같은 지도자는 하나님이 중심 되는 기독교의 이미지를 '이 세상의 구원자인 미국이라는 상징'으로 변형시켰다. 그 과정에서 '새로운 희망의 상징'을 만들어 냈다.[9] 물론 희망의 범위는 상당히 줄어들었다.[10] 하지만 이때까지만 해도 희망할 수 있는 대단히 중요한 대상이 남아 있었다. 그것은 바로 번영하는 나라다. 이 나라는 '선택받은 백성'이며 멜빌(Melville)이 말했듯이 '세상을 위한 자유의 방주를 지니고 있도록' 부르심을 받은 나라였다.[11] 그 이후 1960년대와 1980년대를 지나면서 히피와 여피 혁명의 결과로 '즉각적인 충족'이 '잘 사는 상징'으로 변모해 버렸다. 이로 인해 희망이 '자기 자신만 돌보는 정도'로 축소되어 버렸다 해도 과장이 아닐 것이다.[12] 델반코는 무한하신 하나님에서 구원자 미국이라는 이상으로, 그리고 마침내 '자기 자신이라는 소멸점'[13]에 이르기까지 희망이 점점 줄어들었다고 주장한다.

앞에서 나는 사랑이 줄어들면 사랑 그 자체도 사라진다고 말했다. 자비와 선행이 자신의 관심만을 추구하는 방식으로 변형되는 것이다. 희망에 대해서도 유사한 일들이 일어나고 있다. 앞서 말한 것같이 희망이 사랑하는 대상의 미래로 뻗어 가는 사랑이라고 생각하면, 이것은 당연한 결과다. 사랑이 자신에 대한 관심으로 줄어들고, 자신에 대한 관심이 만족의 경험에 국한되면 희망 역시 사라지고 만다. 마이클 오크쇼트(Michael Oakeshort)가 희망이란 '즉흥적인 욕구가 아닌 좀더 확장하여 추구해야 하는 목표'를 찾는 데 달려 있다고 한 것은 맞는 말이다.[14]

만족하지 못하는 만족감

만족에 대한 경험이 추구하는 모든 것이 되면 사랑과 희망만 희생되는 것이 아니다. 많은 이가 지적했듯이 즐거움만 추구하다 보면 만족감 자체도 위협을 받는다. 이 말은 인생 대부분의 시간을 만족하지 못하며 산다는 의미가 아니다. 분명히 우리는 만족을 경험하기까지는 불만족한 상태에 있다. 욕구가 일어나면 그것을 만족시키기 위한 갈망이 시작되어 만족을 느낄 때까지 불만족감에 의해 쫓기고 욕망을 채울 기대감에 견인된다. 불만족한 상태와 만족을 기대하는 갈망의 상태가 일상이 되고 만족은 예외적인 상태가 된다. 욕망은 영원하며 만족은 간헐적으로 손에 잡힐 듯 말 듯하다.[15]

역설적이지만 더 중요한 것은 우리가 만족을 경험하는 와중에도 여전히 불만족스러운 상태에 머문다는 점이다. 우리는 남의 즐거움과 비교하며 질투심에 빠져든다. 고이 꿈꾸어 왔던 혼다 자동차가 옆집의 벤츠와 비교할 때 불만족의 근원이 되어 버린다. 이러한 경쟁 게임에서 성공해 최고급의 자동차를 최고의 사양으로 뽑아 차고에 둔다 해도 그 승리는 허무하고 우울하다. 그래서 셰익스피어의 「베니스의 상인」(Merchant of Venice)에서 그라티아노가 이렇게 말했나 보다. "이 세상 모든 것은 얻을 때보다 쫓을 때가 더 좋은 법"[16]이라고 말이다. 첫째, 우리는 철학자들이 흔히 말하는 자기 초월을 늘 하고 있어서 우리가 도달한 것보다 훨씬 더 높은 곳에 와 있다고 착각한다. 우리는 무엇을 갖고 있든지 더 바라고 원한다. 아무리 정상에 도달한다 해도 불만족의 구름이 우리의 승리를 가려 버린다. 고로 우리는 무한한 대상에서 기쁨을 느낄 때라야 비로소 편안함을 느낄 수 있다. 그리스도인에게 그 무한한 대상은 곧 하나님이시다.

 둘째, 우리가 우울한 이유는 즐거움이 순전히 인간적이기 때문이다. 참된 기쁨은 그 자체를 넘어선 의미가 있어야 한다. 섹스가 한 예다. 단순히 육체적인 즐거움을 추구하는 섹스는 아무리 유혹적이고 짜릿하더라도 이후에 불만족을 느낀다. 공허감을 느끼게 되고 때때로 죄책감을 느낄 수도 있다. 섹스 자체를 넘어서는 어떤 의미, 즉 사랑하는 두 사람의 성스러운 만남 같은 것이 아니라면 말이다. 다른 세상의 즐거움도 마찬가지다.[17]

 우리가 진정한 의미의 원천인 하나님을 사랑하는 것으로부터 즐거움을 떼어 놓으면, 그리고 이웃에 대한 사랑과 공동의 미래를 향한 희망으로부터 단절시키면, 앤드류 델반코가 말한 대로 '욕구가 의미의 구조 안에 전혀 자리 잡지 못하는' 상태에 놓이게 된다.[18] 인간은 근본적으로 의미를 추구하는 동물이므로 자기 안에서 만족을 얻으려는 노력은 늘 깊은 불만족을 남긴다.

현실에 대한 설명과 번영에 대한 개념

개인의 자기실현과 공동체의 번영 그리고 우리 모두의 전 지구적 미래를 위해, 만족의 경험보다 더 나은 인간의 번영에 대한 설명이 필요하다. 인간의 번영에 대한 비전 중 가장 견고한 대안은 위대한 신앙 전통에 구체적으로 나타나 있다. 인간의 번영을 새롭게 생각하기 위해서 다양한 전통 사이에 이뤄진 논쟁이 남긴 유용한 자산에 의존해야 할 필요가 있다. 앞으로 기독교 신앙 안에 혹은 기독교 신앙의 한 흐름 속에 담긴 인간 번영에 대한 비전의 대략을 제시하고자 한다. 공공선을 위한 기독교 신앙의 가장 중요한 기여는 인간의 번영이라는 비전과 어떻게 하면 그것을 이룰 수 있는지에 대한 자원을 제공한 것이기 때문이다.

인간 번영의 중심성

기독교를 포함해서 모든 신앙의 중심에는 인간의 번영에 대한 관심이 있다. 물론 신앙이 실제로 실천되는 모습을 보면 꼭 그렇다고 말하기 어려울 수도 있다. 신앙의 역사를 살펴보면 어떤 때는 단순히 사람들을 이 세상에서 내세로 보내는 데 그 목적이 있는 것이 아닌가 의심스럽기도 하다. 예를 들어 기독교는 눈물의 장막에서 천상의 기쁨으로, 불교는 욕망으로 가득 찬 세상에서 열반으로 보내려는 데 목적이 있는 듯하다. 하지만 위대한 종교적인 스승들은 – 극단적인 금욕주의자들과 같이 내세적인 신앙의 모습을 보이는 경우에도 – 인간의 번영을 그들의 관심 중심에 늘 가지고 있었다.

이슬람교의 위대한 사상가 중 한 명인 아부 하미드 무함마드 알 가잘리(Abu Hamid Muhammad al-Ghazali)를 예로 들어 보자. 그는 그의 책 시작에 "오 사랑하는 자여, 인간은 장난이나 무작위적으로 지음받은 존재가 아니라 위대한 목적을 위해 탁월하게 지음받았음을 알지어다"라고 썼다. 영혼은 '고귀하고 성스럽지만' 육신은 '비열하고 세상적'인 인간에게 위대한 목적은 무엇인가? 알 가잘리는 이렇게 말한다:

인간은 육욕으로부터 벗어나 금욕의 시련 가운데 있을 때 최고의 정점에

도달한다. 그리하여 욕망과 분노의 노예가 되는 대신에 천사 같은 성품을 갖추게 된다. 그런 상태에 도달할 때 그는 육체적인 즐거움을 떠나 영원한 아름다움을 관조할 수 있는 자신만의 천국을 발견할 수 있다.

이 글은 알 가잘리가 쓴 책의 서론에 나오는데 그 내용은 모두 '세상으로부터 등을 지고 신을 향하는 것'이다. 어떻게 보면 이 책은 인간의 번영에 관한 내용이 아닌 것처럼 보일 수 있다. 하지만 이 책의 제목은 「행복의 연금술」(The Alchemy of Happiness, 누멘)이다.[19] 세상을 등지고 신을 향하며 육욕으로부터 벗어나는 방법을 통해 이 책은 이 세상과 다음 세상의 번영에 관해 다룬다.

위대한 유대교 사상가인 모세 마이모니데스(Moses Maimonides)의 예를 들어 보자. 그는 「당혹스러워하는 사람들을 위한 안내서」(The Guide of the Perplexed) 서론에서 인간을 동물과 구분하는 하나님의 형상이란 '하나님이 넘치도록 인간에게 주신 지적 능력'[20]이라고 말한다. 이를 더 강조하기 위해 그는 지적 능력이 '인간과 하나님 사이의 연결고리'[21]라고 결론 내린다. 그는 인간의 참다운 완벽함에 관해 다음과 같이 말한다.

> (인간의 참된 완벽함은) 이성적인 덕을 얻는 데에 있다. 내가 말하는 덕은 지성이라는 개념인데 그것은 거룩한 대상을 이해하는 바른 관점을 가르쳐 준다. 지성이야말로 진정한 실재에 주어진 궁극적인 목적이다. 그것은 인간에게 참된 완벽함을 주고 인간에게만 가능하다. 이것이 인간에게 영원함을 주고 이것을 통해 인간은 인간이 되는 것이다.[22]

궁극적인 실재의 본성, 인간의 특성, 삶의 의미 그리고 그들이 추구하는 최고의 가치 이 모든 것에 일관성이 있다. 신앙적인 체계 전체가 인간의 번영과 긴밀하게 연결되어 있는 것이다.

오늘날 무슬림과 유대교도는 알 가잘리나 마이모니데스가 인간의 번영에 대해 설명하는 입장에 반론을 제기할 수 있다. 너무 금욕적이라고 할 수도 있고 너무 지적이라고 할 수도 있다. 같은 신앙 전통 내에서도 올바르게 이해된 인간의 번영이 과연 어떻게 구성되는 것인가라는 문제를 두고 많은 내부적인 논쟁이 있다. 기독교의 많은 현자와 성인이 놀랍게도 비슷한 이해를 보이긴 했으나 기독교 내에도 인간의 번영에 대한 논쟁이 있을 수 있다.[23] 그리스도인이라 할지라도 인간의 번영을 성취하기 위한 최선의 방법에 서로 다른 의견을 보일 수 있다. 특히 이러한 논쟁에 예수 그리스도가 제외될 때 더욱더 그렇다. 알 가잘리와 마이모니데스를 언급하는 이유는 그들의 사상을 기독교의 입장에서 해석하기 위해서가 아니다. 인간의 번영에 관해 위대한 신앙 간에 서로 존중하며 이루어지는 비판적인 대화가 매우 중요하긴 하다. 그러나 이들을 언급하는 이유는 위대한 종교 전통에 있어 인간의 번영에 대한 관심은 중심적인 자리를 차지하며 그 종교를 정의해 주는 특징이 되기 때문이다.

불과 얼마 전까지만 해도 인간 번영에 대한 관심은 서구의 고등교육기관에서도 중심적인 주제였다. 그 기관들은 대부분 잘 사는 것이 무엇을 의미하는가, 의미 있는 삶은 어떻게 사는 것인가 하는 문제에 관심을 보였다. 이러저러한 활동이나 직업에서 어떻게 성공할 것인가에 대한 관심보다는 어떻게 하면 **사람됨**을 잘 이해할 수 있는가에 더 관심을 보였다. 이는 곧 인간 번영에 대한 관심이라 할 수 있다. 그러나 이러한 관심은 더 이상 지속되지 않았다. 앤서니 크론먼(Anthony Kronman)은 「교육의 종말」(Education's End, 모티브북)이라는 책에서 '연구 중심 대학'(research university)이라는 이상과 문화와 이론의 영역에서 '포스트모더니즘'에 대한 매혹이 어떻게 함께 작용하여 많은 대학으로 하여금 삶의 의미를 추구하는 탐구를 포기하게 했는지에 관해 주목할 만한 이야기를 들려준다.[24] 그는 오늘날 "가족과 친구들을 어떻게 사랑해야 하는가라는 질문만이 아니라 삶의 의미에 관한 질문의 답을 찾는 데 필요한 체계적인 도움도 교회에서만 찾을 수 있게 되었다"고 말한다.[25]

스스로 세속주의자라고 자칭하는 크론먼은 종교가 삶의 의미에 답을 제시하는 방식에 비판적이다. 내가 보기에 잘못된 생각이지만, 그는 신앙이 책임 있는 다원주의를 호의적으로 보지 않으며 항상 지성을 포기하기를 요구한다고 본다. 신앙인으로서 나는 삶의 의미를 추구하는 세속적인 탐구는 실패할 가능성이 크며 실제적인 대안들은 종교적인 바탕에서 출발한다고 생각한다. 하지만 세속적 휴머니즘이나 신앙 전통 두 입장 모두가 인간 번영에 관심을 보이며 인간의 번영이 만족을 경험하는 데 있다는 선입견에 대해서는 상반되는 입장을 견지하고 있다.

적합성

알 가잘리의 「행복의 연금술」이나 마이모니데스의 「당혹스러워하는 사람들을 위한 안내서」는 신앙 전통이 인간의 번영을 얼마나 중요하게 여기는지를 보여 줄 뿐 아니라 인간 번영이 만족을 경험하는 것이라고 믿는 우리 시대의 경향과 얼마나 다른지를 보여 준다. 그 차이는 인간을 포함한 세상이 어떻게 구성되어 있고 그 속에서 번영하는 것이 무엇을 의미하는지를 설명하는 적합성과 관련이 있다. 알 가잘리가 쓴 책의 주요 부분은 자아, 신, 현세, 그리고 내세에 대한 지식을 다룬다.[26] 행복에 도달하는 것이 무엇을 의미하는지 알기 위해서 먼저 자기 자신을 파악하고 거대한 현실의 집합체 속에서 자신의 자리가 어디 있는지를 알아야 한다는 것이다.

이런 점에서 알 가잘리의 생각이 특이한 것은 아니다. 마이모니데스가 보여 주었듯이 대부분의 종교와 대부분의 중요한 철학 사조는 현실에 대한 거시적인 설명과 인간의 번영에 대한 올바른 이해 사이에 상응하는 적합성이 있다는 개념을 중심으로 하고 있다. 또한 대부분의 지역과 대부분의 사람들이 역사상 그러한 적합성이 있어야 한다는 데 동의해 왔다. 이는 그들이 종교 전통으로부터 삶의 지침을 받았기 때문이다. 이 적합성이라는 개념을 알 가잘리나 아우구스티누스 같은 종교적인 인물로부터 잠시 벗어나 고대와 근대에서 한 사람씩 뽑은 철학자의 생각을 통해 구체적으로 드러내 보이고자 한다. 바로 세네카와 니체의 입을 통해서다.

먼저 세네카와 최근 들어 다시 각광을 받고 있는 고대의 스토아학파의 철학자들은[27] 세상과 인간의 관계에 대해서, 그리고 잘 산다는 개념이 무엇을 의미하는지와 행복의 본질에 대해 그들의 신념을 상응하도록 조율했다.[28] 그들은 신은 우주적인 이성이며 모든 피조 세계 전체에 충만하며 피조 세계의 발전을 완벽하게 연출하고 있다고 믿었다. 인간은 이성적인 존재이므로 우주적 이성과 일치하면 잘 살게 되는 것이었다. 인간은 우주적 이성과 일치하여 평온한 자족을 이루고 외부의 상황이 어떠하든지 공포, 질투, 분노 같은 감정에 사로잡히지 않으면 행복할 수 있다. 이처럼 스토아철학의 세상에 대한 설명과 인간 번영에 대한 설명에는 일관성이 있다.

두 번째 예는 프리드리히 니체인데 그는 기독교만이 아니라 스토아철학에도 근본적으로 반대했던 근대 사상가다.[29] 모든 체계에 대해 회의적이었던 반현실주의자(anti-realist)였던 니체도 세상에 대해 지적으로 책임 있는 이해와 세상 속에 존재하는 인간 번영의 의미 간의 적합성을 떨쳐 버릴 수는 없었던 것 같다. 그는 도덕성에 대한 서구의 전통 전체를 거부해야 한다고 믿었다. 그것은 '인간이 하나의 종(種)으로서 갖고 있는 최고의 잠재력과 훌륭함에 도달하지 못하게 된 것'[30]에 대한 책임을 져야 하기 때문만은 아니다. 도덕성에 대한 서구의 전통은 인간의 실제적인 모습에 적합하지 않기 때문에 부적절한 것이다. 서구의 도덕 전통이 가정하는 바와 달리 인간은 (1) 행동이 자유롭지 않고 필요에 의해 지배당하고 (2) 스스로나 다른 사람에게도 동기가 불투명하며 (3) 같은 도덕적 지침을 다르게 받아들인다. 반대로 니체가 주장한 '초인'(超人)의 '권력의지'는 이러한 인간의 특성과 정확한 적합성을 가지며 '초인'의 뛰어남을 극대화할 수 있다.[31] 그의 '권력의지'는 인간을 포함한 모든 생명체에 내재한 성향이며 단지 살아남기 위한 것이라기보다 다른 존재들을 희생해서라도 더 커지고, 더 확산되기 위한 것, 즉 번영하는 것이다. 어떤 면에서는 스토아철학과는 정반대인 니체의 인간 번영에 대한 설명은 그 자신의 현실 세계 전체에 대한 이해와 적합성을 보인다.

적합성의 결여

반면 우리 시대에 인간의 번영이 만족을 경험하는 것으로 구성된다고 생각하는 사람들은 인간의 번영이 세상의 특징 그리고 인간의 특징과 맞든지 맞지 않든지 상관하지 않는 경향이 있다. 그들이 세네카와 니체 같은 철학자나 혹은 아우구스티누스, 알 가잘리, 마이모니데스 같은 위대한 종교 사상가가 아닌 보통 사람이어서가 아니다. 지금까지 수백 년간 보통 사람도 자신들의 삶을 이 세상의 특징과 궁극적 실재의 특징에 일치시키는 데 마음을 써 왔기 때문이다. 그렇다면 아마도 우리 시대 번영의 특징은 오늘날 서구 세계에 만연한 문화적 성향과 관련이 있을 것이다.

첫째로, 앞에서 말한 바와 같이 만족감은 우리 시대 사람들의 인간 번영에 대한 생각의 중심에 있다. 만족감은 경험의 한 형태이고 일반적으로 경험을 개인 취향의 문제로 여긴다. 그러므로 자기가 경험하는 만족감에 대한 최상의 재판관은 자신이다. 이로써 개인의 특정한 경험이 세상에 대한 더 큰 설명과 적합성이 있는지 살피는 것은 이미 경험의 가치를 상대화하는 위험에 빠지게 된다.

인간의 번영이 만족을 경험하는 데 있다는 설명을 종교 영역의 예를 들어 적용해 보자. 이 경우에 신앙은 사람들의 삶의 방향을 제시하는 힘을 잃어버리고 만족을 경험하게 해주는 도구로 전락한다. 앞에서도 말했지만 이것은 신앙의 중요한 기능장애다. '창조주요 만유의 주재자'로 인간이 무엇이며 우리가 어떻게 살아야 하는지 정의해 주는 분이었던 신이 이제는 '신성한 집사'(Divine Butler)와 '우주적 치료사'(Cosmic Therapist)의 결합 정도로 변형되고 만다.[32] 이로써 신앙이 만족 경험의 틀과 내용을 규정하는 것이 아니라 반대로 만족의 경험이 신앙을 규정하게 된다.

이런 신앙의 변형은 오늘날 서양 문화에 널리 퍼져 있는 반형이상학적 분위기와 연결되어 있다. 테리 이글턴(Terry Eagleton)은 다음과 같이 말했다. "니체 이후의 지적인 분위기 속에서 서구는 예전부터 가져온 고유한 형이상학적 기초를 현실적 물질주의, 정치적 실용주의, 도덕적·문화적 상대주의 그리고 철학적 회의주의가 뒤섞인 불경한 혼합물로 발 빠르게 훼손하고 있는 것으로 보인다."[33]

테리 이글턴은 그의 저서인 「삶의 의미」(The Meaning of Life)에서 우리 시대의 많은 지식인이 "인간의 삶 전체에 대한 성찰을 획일적이고 부정적인 의미에서 '인간적인' 것으로, 즉 전체주의 국가의 죽음의 수용소를 연상시키는 '전체주의적인' 이론이라고 폄하하는 것"이 당연하다고 말한다. 그들의 관점에서 볼 때 "깊이 고려할 만한 보편적인 인간성이나 인간의 삶이란 없다."[34] 존재하는 것은 문화적으로 조건 지어져 개인의 상황에 따라 달라지는 삶의 계획뿐이다. 만약 한 사람 한 사람이 자기의 삶을 가꾸는 예술가라면, 그리하여 공통된 인간 본성을 반영하는 도덕적 표준이라는 제약 없이 만족을 경험하는 데 목적이 있다면, 거기에 목표를 둔 그 많은 새로운 예술가의 창작이 큰 틀에서 바라본 현실에 대한 설명에 얼마나 적합한가라는 질문은 불필요하게 될 것이다.

인간의 번영이 만족을 경험하는 데 있다는 설명으로는 그럴듯한 현실에 대한 해석을 제시하는 것이 불가능함을 말하려는 것은 아니다. '그럴듯하다'고 말할 수는 있다. 그러나 정말로 '그렇다'고 말할 수는 없다. 내가 지적하고 싶은 바는 오늘날 사람들은 현실의 결을 따라 살든 거슬러 살든 상관하지 않는다는 사실이다. 사람들은 자신이 원한다는 이유만으로 욕망을 정당화한다. 그들의 욕구가 '인간의 본성'과 같이 더 넓은 현실에 대한 설명에 얼마나 적합한지는 상관없다고 여긴다.

창조주와 피조물
번영에 대한 우리의 개념이 현실의 본성과 적합한지 고민하지 않는 것은 정말 심각한 실수다. 우리가 현실의 결을 거슬러 살면 일시적인 감정의 고조를 경험할 수는 있을지 몰라도 지속적인 만족을 느끼지는 못하며 충족된 삶을 살 수도 없다. 이것이 기독교 전통과 위대한 종교와 철학의 전통이 공통적으로 주장해 온 바다. 과거의 위대한 기독교의 성자들과 신학자들 그리고 평신도 지도자들은 인간의 번영에 대한 설명이 모든 실재의 근원이자 목적인 하나님에 대한 생각과 부합해야 한다고 믿었다. 그렇다면 어떻게 그럴 수 있을까?

일단은 가능한 선택지 중 하나를 없애는 것이다. 바지를 먼저 입고 그에 맞는 윗옷을 골라 입듯이 우리가 선호하는 인간의 번영에 대한 설명에서 시작해서 하나님과 인간의 번영에 대한 그림을 그려 갈 수는 없다. 그렇게 한다면 니체가 기독교의 도덕과 신앙 전체의 등장에 대해 철저하게 비판했던 내용을 일부러 구현하는 꼴이 될 것이다. 니체는 그리스도인이 선호하는 가치를 정당화하기 위해 하나님에 대한 거짓 믿음을 지어냈다고 주장했다. 그러므로 우리가 인간의 번영에 대한 개념에서 출발해 그 그림에 맞는 하나님을 '구성'한다면, 니체는 그리스도인의 가치가 비뚤어진 것이라고 무시할 것이고 그리스도인은 그것이 건전하다고 방어할 뿐이다. 더 중요한 점은 하나님을 우리가 생각하는 인간의 번영에 대한 개념에 맞춤으로써 신앙의 가장 심각한 기능장애를 일으키게 된다는 사실이다. 신앙의 진실성을 내던져 버리고 우리의 이익과 목적을 위해 신앙을 도구로 이용하는 것이다.

아우구스티누스의 사상을 다시 살펴보자. 그가 가지고 있었던 하나님, 세상, 인간 그리고 인간의 번영에 대한 신념을 스토아철학, 니체 그리고 우리 시대의 많은 사람의 견해와 비교할 수 있게끔 네 가지의 명제로 요약해 보자. 첫째, 그는 하나님이 온 세상에 퍼져 있는 비인격적인 이성이 아니라 사랑의 대상이며 우리가 그분의 사랑을 받게 되는 '인격'적 존재라고 믿었다. 둘째, **사람**됨은 사랑함에 있다. 우리는 **무엇을 사랑할지** 선택할 수는 있지만 **사랑할지 말지를** 선택할 수는 없다. 셋째, 사랑을 베푸시는 하나님께 우리를 맞추어서 그분과 이웃을 사랑할 때 바람직한 삶을 살게 된다. 넷째, 무한하신 하나님을 사랑하고 그분 안에서 이웃을 사랑하는 기쁨을 발견할 때 번영하고 진정으로 행복하다.

아우구스티누스에게는 하나님, 인간 그리고 인간의 번영에 대한 신념이 모두 하나로 연결된다. 이것이 적합성의 긍정적인 측면이다. 인간의 번영에 무엇이 '속해야 하는지' 무엇이 '속하지 말아야 하는지'를 구체적으로 제시한다. 아우구스티누스의 하나님과 인간에 대한 신념에 동의한다면 현실에 대한 해석과 인간의 번영에 대한 설명 중에 일부를 거부해야 할 것이다. 아우구스티누스의 관점에서 스토아철학과 니체의 사상, 그리고 오늘날 서구에서 설명하는 번영을 살펴보자.

우리가 하나님을 사랑이라고 믿고, 우리가 사랑을 위해 창조되었다고 믿는다면, 스토아철학에서 말하는 평온하고 자족적인 이상은 충분치가 않다. 스토아철학은 우리가 바람직한 삶을 살 수 있는 선에서 이웃의 행복에 마음을 써야 한다고 생각하지만, 우리는 단지 우리 자신을 위해서가 아니라 이웃과 그들의 행복과 그들의 평온함을 위해 마음을 써야 한다.[35] 우리의 관심은 잘 사는 데에만 있지 않다. 이웃이 잘되고 그들이 행복한 삶을 살 수 있도록 노력하게 될 것이고 그들의 번영이 우리의 번영과 깊이 연결되어 있음을 인정하게 될 것이다.[36]

마찬가지로 우리가 하나님을 사랑이라고 믿고, 우리가 사랑을 위해 창조되었다고 믿는다면, 니체가 말한 바와 같이 '초인'의 탁월함을 더해 주기 위해 만들어진 고귀한 도덕성이 인간의 번영으로 향하는 올바른 길이라는 생각을 거부하게 될 것이다. 깨어지기 쉽고 연약한 삶을 살아가는 사람들이 바람직한 삶을 살 수 있도록 하는 긍휼과 도움은 **우리**가 더 잘 살기 위한 필수 조건이 된다.

끝으로 우리가 하나님을 사랑이라고 믿고, 우리가 사랑을 위해 창조되었다고 믿는다면, 만족을 경험하는 것이 인간의 번영을 구성한다고 믿는 개념도 거부하게 될 것이다. 그 대신 우리가 진정으로 번영해야 만족을 경험할 것이라고 믿게 될 것이다. 그렇다면 진정한 번영이란 무엇일까? 언제 우리는 잘 살고, 우리의 삶이 잘되어 간다고 말할 수 있을까? 그것은 우리가 전적으로 하나님을 사랑하고 이웃을 내 몸같이 사랑할 때다. 기본적인 필요가 해결되고 하나님과 이웃이 우리를 사랑하고 있음을 경험할 때 우리는 인생이 잘되고 있다고 느낄 것이다. 우리의 연약함과 실패에 상관없이 우리의 특성과 모든 것을 포함해 온전히 사랑받고 있음을 느낄 때 그렇게 느낄 것이다. 아우구스티누스가 에피쿠로스학파와 그리스도인의 행복에 대한 비전의 차이에 대해 말한 것을 따라 표현하자면, 오늘날 우리의 표어는 '먹고 마시자' 혹은 같은 내용이지만 '더 고상한 즐거움'을 선호하는 복잡한 표현이 아니라 '베풀고 기도하자'가 되어야 할 것이다.[37]

하나님을 사랑하고 이웃을 사랑하고

내가 지금까지 설명한 하나님과 인간 번영의 관계는 성서에 나오는 두 핵심 구절인 "하나님은 사랑이시다"(요일 4:8), 그리고 "네 마음을 다하며 목숨을 다하며 힘을 다하며 뜻을 다하여 주 너의 하나님을 사랑하고 또한 네 이웃을 네 자신같이 사랑하라"(눅 10:27)에 대한 신학적 반향(反響)이다. 이 두 구절은 구약성서에 깊이 뿌리박은 주제를 기독교적인 특징을 따라 조금 다른 방식으로 반복한 것이다. 즉 이스라엘을 향한 끊임없는 하나님의 사랑(출 34:6)과 하나님과 이웃을 사랑하라는 명령(레 19:18, 신 6:5)이 바로 그것이다. 4장을 마치면서 인간의 번영에 대한 위의 구절들에 나타난 성서적 개념을 하나님에 대한 성서적 믿음의 내용과 함께 인간의 삶 속에서 신앙이 올바로 기능하도록 적용해 보겠다.

내가 1장에서 말했듯이, 기독교를 포함한 모든 예언자적 종교에는 두 가지 근본적인 움직임이 있다. 하나님께로 상승하여 예언적 메시지를 받는 것과 세상으로 회귀하여 그 메시지를 따라 이 땅의 현실을 변화시키는 것이다. 두 과정 모두 필수적이다. 상승이 없으면 전할 것이 없고, 회귀가 없으면 전할 대상이 없다.

신앙의 기능장애는 사랑의 하나님을 사랑하지 않는 것과 이웃을 사랑하지 않는 데서 온다. 상승의 기능장애는 우리가 사랑해야 하는 하나님을 사랑하지 않을 때 발생한다. 우리는 우리의 이익, 우리의 목적, 우리의 프로젝트를 사랑하면서 이를 실현하기 위해 하나님과 관련된 언어를 쓰는 것뿐이다. 이것을 '기능적 축소'(functional reduction)라고 할 수 있다. 또는 하나님이 아닌 것을 하나님으로 사랑하기도 한다. 이것은 '우상으로 대체'(idolatric substitution)하는 것이라고 할 수 있다. 회귀의 기능장애는 우리가 이웃이나 우리 자신을 올바로 사랑하지 않을 때, 즉 신앙이 활력을 주거나 안정을 제공하긴 하지만 이웃에게 유익을 주는 삶을 형성하지 못하거나 우리의 신앙을 이웃의 생각과 상관없이 강요하게 될 때 일어난다.

그리스도인이 당면한 도전은 궁극적으로 매우 단순하다. 신앙의 기능장애를 피하고 인간의 번영을 하나님과 긍정적으로 연결하기 위해 하나님과 이웃을 온전히 사랑하는 것이다. 단순해 보이지만 이 도전은 실로 복잡하고 어렵다. 세 가지 측면에 집중해서 설명해 보겠다.

첫째, 우리가 오늘날 직면하는 구체적인 문제 속에서 하나님이 어떻게 인간의 번영과 연결되어 있는가를 **설명할 수** 있어야 한다. 빈곤, 환경 악화, 생명윤리, 국제 관계, 섹스, 정치 등 우리를 둘러싼 문제는 무궁무진하다. 하나님에 대한 그리스도인의 이해와 인간 번영에 대한 비전이 오늘날 우리가 직면한 문제에 어떻게 적용되는지 구체적으로 보여 주지 못하면 그 이해나 비전은 모호하고 무기력한 상태로 남아 있게 되고 우리가 실제로 어떻게 살아야 하는지 영향을 주지도 못할 것이다.

둘째, 우리는 하나님과 이웃에 대한 사랑이 인간의 번영을 위한 열쇠라는 주장을 **실현 가능하게** 만들어야 한다. 오랜 세월 동안 비신앙인들은 하나님의 존재 자체를 의심했을 뿐 아니라 그분의 본성과 이 세상에 관여하는 방법에 대해, 그리고 인간이 그분과의 관계 속에서 살아야 한다는 유신론적 설명 전체를 비난했다. 가끔은 그들이 하나님이 선하시다는 사실을 믿을 수만 있다면 하나님의 존재 자체에는 신경 쓰지 않을 것 같다는 생각이 들곤 한다. 비신앙인에게 하나님과 인간의 번영이 연결될 수 있음을 납득시키기란 이렇게 어려운 것이다. 하나님의 존재나 성품보다 과연 무엇이 '우리에게 선한 것인가'가 논점의 핵심이기 때문이다.

셋째, 그리스도인에게 가장 어려운 도전은 하나님이 인간의 번영에 필수적이라고 **믿는 것**이다. 어딘가 멀리 있는 행성에 물이 있다고 막연하게 믿는 것으로는 충분하지 않다. 단단한 바위와 같은 신념을 기초로 우리의 생각, 우리의 설교, 우리의 글 그리고 우리의 삶 전체가 그에 따라 이루어져야 한다. 찰스 테일러는 테레사 수녀가 인도의 콜카타에서 버려진 사람들과 죽어 가는 사람들을 위해 어떻게 일하게 되었는지 들은 바를 전한다. 테레사 수녀는 그 사람들이 하나님의 형상으로 창조되었기 때문에 그들을 돌본다고 말했다. 가톨릭 철학자인 테일러는 "나도 그런 말은 할 수 있지" 하고 생각했다. 하지만 자신의 내면을 성찰하는 훌륭한 철학자이기에 그는 다시 생각해 보았다. "하지만 과연 그것이 나의 **진심일까?**"

이것이야말로 오늘날 우리가 직면하고 있는 가장 근본적인 도전이다. 신학자, 성직자, 목회자 그리고 평신도로서, 이웃을 내 몸같이 사랑하게 하실 수 있는 사랑의 하나님의 임재하심과 일하심이 우리의 희망이자 세상의 희망이며, 그래서 종국적으로 우리가 믿는 하나님만이 한 인간을, 한 문화를, 그리고 하나뿐인 지구 위에서 서로 의지하며 살아가는 사람들을 번영하게 하는 비밀이라고 **진정으로 믿는 것** 말이다.

2부 **참여하는 신앙**

5장
정체성과 차이

많은 행위자 중 하나

많은 종교 중에서 특히 기독교가 세계 곳곳에서 번성하고 있다. 동시에 서구의 많은 기독교 공동체가 위기의식에 사로잡혀 있다. 한때 기독교 공동체는 소위 '기독교적인 서구'라고 말할 수 있는 세계에서 지배적인 사회제도였다. 하지만 오늘날 기독교는 점점 변두리로 밀리고 있고 어떤 곳에서는 아예 외면당해 추방당한 것 같기도 하다. 고층 빌딩들은 교회를 왜소하게 만들고, 글래스고의 도완힐(Dowanhill) 교회처럼 어떤 교회들은 극장, 강의실, 음식점, 술집, 심지어 나이트클럽으로 리모델링이 되는 데서 알 수 있듯이 중요한 사회적 행위자들은 기독교 공동체를 변두리로 밀어냈다. 서구의 교회는 자랑하고픈 과거를 갖고 있지만 미래에 대해서는 두려움을 느끼는 듯하다.

이렇게 축소되어 버린 기독교 공동체들은 새로운 역할을 받아들이지 못하고 여전히 메이저 리그에 속하여 세상 속에서 경쟁하고 싶어 한다. 하지만 옛날에 써먹은 낡은 수법이 더 이상 통하지 않음을 깨닫게 되는 일이 빈번하다. 골을 넣기는커녕 헛발질을 하는가 하면 패스조차 할 줄 모른다. 1970년부터 현재까지 미국의 기독교 보수 진영의 역사는 기독교 공동체가 정치적인 수단을 통해 잃어버린 과거의 영향력을 되찾고자 했던 실패한 시도라고 할 수 있다.

그리스도인이 사회적 영향력을 갖고자 하는 것은 이해할 만하다. '세상을 고쳐야 한다'는 책임감과 공공선을 통한 섬김은 예언자적 종교로서 기독교 특유의 기질과도 같다. 이는 유일하신 하나님과 이웃을 사랑하겠다는 헌신의 결과다. 하지만 미래에는 그러한 영향력을 권력의 핵심에서부터 발휘하기보다 사회의 변두리에서 펼쳐야 할 가능성이 크다. 더욱이 핵심으로부터 멀든 가깝든 종교적으로나 문화적으로나 다원화된 세상에서 기독교 공동체는 수많은 행위자 중 하나일 수밖에 없다.

초기 기독교 교회사를 잘 아는 사람들이나 비서구권의 젊고 역동적인 기독교 공동체를 주의 깊게 바라본 사람들의 입장에서 볼 때 현재 서구 기독교가 겪고 있는 위기의식은 뭔가 이상하다. 초기 기독교 공동체는 결코 중요한 행위자가 아니었다. 소리를 지르거나 야유하는 관중도 아니었다. 그들은 오히려 비방을 받으며 차별당하고 심지어 박해를 당하는 소수집단이었다. 그들은 기껏해야 이 세상이라는 피부에 박힌 가시 정도였다. 비록 주변부에 있었지만 초기 기독교 공동체는 하나님 안에서의 희망을 경축했고 십자가에 달리신 메시아의 발자취를 따르려고 노력하면서 부활하신 주님을 기쁨으로 선포했다. 이러한 삶을 가르쳐 주신 분이 바로 그분이시다.

의를 위하여 박해를 받은 자는 복이 있나니 천국이 그들의 것임이라. 나로 말미암아 너희를 욕하고 박해하고 거짓으로 너희를 거슬러 모든 악한 말을 할 때에는 너희에게 복이 있나니 기뻐하고 즐거워하라 하늘에서 너희의 상이 큼이라 너희 전에 있던 선지자들도 이같이 박해하였느니라. (마 5:10-12)

초기 기독교 공동체로서는 박해가 두려움의 원인은 아니었다. 가히 유쾌하다고 할 수는 없겠지만 그래도 크게 기뻐할 기회였다. 그들에게는 사람들의 눈에 띄지 않는 어두운 구석으로 밀려나는 것이 실패의 표지가 아니라 선한 사람들과 함께하는 자리에 있다는 표지였다. 오늘날 세상 곳곳에서 박해 속에서도 예수를 따르는 사람들처럼 초대교회는 그들이 처한 위태로운 주변부의 삶을 자신감과 창의력으로 견뎌냈다. 반면에 서구 사회 속의 우리는 약화된 영향력 때문에 벌써 불안해하고 있다. 극심한 반대 속에서 초기 그리스도인은 그들의 삶의 방식을 하나님이 주신 선물이며 진정한 인간성의 표상이신 그리스도를 모범으로 하여 이루어진 것으로 기쁘게 받아들이고 그 삶을 따랐다. 그러나 자유와 경제적 번영 속에서 살아가는 많은 서구의 교회, 특히 미국의 교회들은 영향력의 상실을 한탄하며 정치적인 힘을 통해 잃어버린 영향력을 되찾고자 골몰하고 있다.

여기서 서구의 교회들이 오늘날 이러한 상황에 이르게 된 과정을 추적하기 위해 과거를 살피려는 것은 아니다. 그들이 어떻게 해서 강한 사회적 책임감을 갖추게 되었고 공공 생활에서 지배적이거나, 적어도 중요한 세력이 되기를 기대하게 되었는지 말이다. 대신 방향을 미래로 돌려 오늘날 여러 종교의 문화와 비종교적인 문화가 함께 있는 상황이 복음과 연결되는 관계를 다시 생각해 보고자 한다. 나의 목표는 우울함을 떨쳐 버리고 21세기 초 기독교 공동체를 위한 새로운 희망을 만드는 것이다. 이 희망은 최근 서구의 교회들이 가져온 희망보다는 좀더 겸손하면서 동시에 좀더 견고한 것이다. 좀더 분명하게 말하자면 나의 목표는 기독교 공동체가 많은 행위자 중 하나가 된다는 현상을 편안하게 받아들이게 되는 것이다. 그리하여 어느 곳에 서 있든지-주변부든, 중심부든, 아니면 그 사이 어디 있든지-그곳에서 인간의 번영과 공공선을 추구하기 위해 노력하는 것이다.[1] 그렇게 함으로써 초대교회와는 다른 상황이지만 그때의 활력과 자신감을 회복할 수 있을 것이다.

5장의 개요는 단순하다. 첫째, 현대사회의 네 가지 주요 특성을 기술하고 이 특성이 기독교 공동체와 더 넓은 문화 사이의 관계에 긍정적으로 적용하는지 아닌지를 정리하고자 한다. 둘째, 이러한 사회 속에서 살아가는 그리스도인의 삶의 모습 가운데 부적절하게 보이는 세 가지 방식을 간략하게 살펴보고자 한다. 셋째, 보다 나은 대안을 제시하고자 한다.

사회적 맥락

현대사회의 네 가지 특성은 기독교 공동체가 오늘날 세상에서 스스로의 정체성을 어떻게 이해해야 하는지, 그리고 어떻게 하면 인간의 번영과 공공선을 추구할 수 있는지에 대한 사고의 틀을 제공해 준다. 이 네 가지 특성이 기독교 공동체에 어떠한 영향을 주는지 막스 베버와 에른스트 트뢸치(Ernst Toreltsch)가 한 세기 전에 제시한 '교회'(church)와 '종파'(sect) 간의 유명한 대비를 기반으로 해서 개략적으로 기술해 보겠다.

자발성

베버는 '교회'와 '종파'의 차이를 이렇게 표현했다. 한 사람은 교회 안에서 태어나지만 종파에는 자발적으로 참여한다.[2] '교회'라는 곳은 가족과 같고 종파는 '동아리'와 같다. 가족은 태어남으로 소속이 결정되지만 동아리는 선택하여 속하게 된다. 현대사회에는 종파만 존재한다고 할 수 있다. 우리의 의지와 관계없이 하나의 신앙 공동체에 배치되는 것이 아니라 우리는 대부분 스스로 신앙 공동체를 선택한다.[3] 물론 기독교 공동체는 그 공동체 일원의 선택만으로 모이는 것은 아니다. 특정한 사람이나 장소 아니면 의식에 애착을 느끼기도 하고 때로는 교회의 신앙 행위에 익숙해지기도 한다. 그럼에도 언제든지 한 집단을 떠날 수 있고 다른 집단으로 들어갈 수 있기 때문에 우리의 선택이 필수적이다.[4] 물론 선택이라는 것은 많은 요소로부터 영향을 받아 이루어지지만,[5] 모든 신앙 공동체는 그 구성원의 선택을 통해 지속될 수밖에 없다.

차이

베버가 말하는 '교회'와 '종파'의 비교에 의하면 교회 안에서 태어난 모든 사람은 그 교회에 소속된다. 그들은 교회의 아들과 딸들이며 그중에는 성인(saint)도 있고 상습적인 죄인도 있다. 모든 이가 이 어디쯤에 있다. 반면에 종파는 '종교적으로나 윤리적으로나 자격을 갖춘' 사람들의 모임이다.[6] 현대사회에서 이러한 차이점은 희석되어 있다. 모든 사람이 자신이 소속되기를 원하는 신앙 공동체를 선택하고, 이에 상응하여 각 종교 집단이 새로운 구성원을 받아들이기도 하고 거부하기도 한다면, 이때 신앙 공동체들은 구성원과 구성원이 아닌 사람들을 구별 짓는 친밀감에 의해 정체성을 띠게 된다. 베버의 개념을 적용하자면 '교회'가 '종파'의 특성을 갖추게 되는 것이다.

기독교 공동체는 주변의 문화들(cultures) 및 하위문화들(subcultures)과의 '차이'를 잘 지켜 가야만 현대사회에서 살아남고 앞으로 번성할 수 있다. 원칙은 다음과 같다. 누구든지 기독교 공동체가 계속 존재하기를 원한다면 주변에 있는 문화와 다르기 원해야지 기독교가 주위 문화와 뒤섞이기를 바라서는 안 된다. 결과적으로 기독교 공동체들은 능동적으로 '경계선을 유지'하면서 자기들의 정체성을 '관리'해야 한다.[7] 경계선이 없으면 공동체는 소멸한다. 문제는 경계의 유무가 아니라 그 경계가 어떤 성격을 띠는가 – 예를 들면 어느 정도의 투과성(透過性)을 가져야 하는가 – 이며 또 어떻게 관리되어야 하는가다. 예를 들어 기독교 공동체에만 있는 특징들을 지원할 수도 있고 아니면 핵심 가치를 강화할 수도 있다.[8]

다원주의

에른스트 트뢸치는 '교회'와 '종파'에 대한 막스 베버의 생각을 더 발전시켜서 교회는 세상을 긍정하지만 종파는 세상에 반대한다고 주장했다.⁹ 이 생각은 큰 그림을 보여 주는 캐리커처로는 의미가 있지만 트뢸치가 처음 이러한 차이를 정식화했을 때에도 과연 유용한 구분인지는 분명치 않았다.¹⁰ 오늘날은 이 생각의 유용성 자체도 거의 상실된 것 같다. '교회'가 긍정할 수 있거나 '종파'가 거부할 수 있는 하나의 문화를 가진 세상은 이제 국가적이거나 전 세계적인 틀 안에 병존하는 급속도로 변하는 여러 문화적 세상으로 분화했다. 이러한 문화적 세상들은 부분적으로 양립 가능하기도 하고 그렇지 않기도 하며 부분적으로 상호 의존적이기도 하고 독립적이기도 하다. 이 다양한 문화가 형성하는 공간은 부분적으로 겹쳐지면서 변화무쌍하고 혼합적인 하위문화를 창조하기도 한다. 이러한 세상을 단순히 거부하거나 긍정하기란 불가능하다. 마찬가지로 단순히 기독교의 메시지가 이러한 '세상'에서 이해될 수 있어야 한다든가 이해되게끔 해야 한다는 주장은 통하지 않는다. 우리는 문화와의 관계를 좀더 다방면으로 생각하는 방법을 터득해야 한다. 그래야 현대사회를 구성하는 복잡하고 급속하게 변화하는 문화 다원성을 설명해 낼 수 있다.¹¹

상대적 자족

앞에서 말한 구분에 따르면 '교회'는 사회 중심부에 있고 영향력이 있으나 '종파'는 주변부에 있고 사회적으로 무력하다. '교회'는 세상을 하나님의 뜻에 따라 변화시키기 위해 세상과 타협하지만, '종파'의 경우는 이 세상을 '어두움의 세력'의 손안에 방치할 수도 있고 드물게는 '새 예루살렘'으로 변화시키고자 노력하는 가운데, 순수성을 지키며 사회적 영향력이 제약당하는 것을 받아들인다.¹²

오늘날 이런 구분은 가능하지 않다. 첫째, 사회는 사회학자들이 흔히 말하는 '기능 분화'가 되어 있다. 다양한 사회 하부조직은 경제, 교육, 커뮤니케이션 활동 등 각 분야의 전문적인 기능에 특화되어 있다. 이는 사회적 하부조직의 (상대적) 자족성과 영속성을 의미한다. 따라서 하부조직은 외부로부터 들어오는 가치에 의해 영향받기를 거부한다.[13] 더욱이 그중 가장 거대하고 강력한 하부조직인 경제와 커뮤니케이션은 지역적이라기보다는 전 세계적이기도 하다.

둘째, 족장이나 왕 또는 독재자가 지배하던 전통 사회와 달리 오늘날의 사회조직과 전 지구적인 세계 질서에는 하나의 권력 중심이 각각의 기능을 통제하고 지시하면서 전체를 유지하지 않는다. 많은 경우 현대 문화에서는 특정한 한 사람이 통제를 하고 있는 경우가 없고 그리하여 세상은 통제되지 않고 있는 것처럼 보인다.[14] 어느 정도 한계와 가능성의 범위 안에서 이루어지기는 하지만, 오늘날 빠른 문화적 변화는 이해관계와 가치관도 다르고 세력의 강도도 다른 다양한 행위자가 상호작용한 결과다.

인터넷은 통제가 줄어든 '문화'의 전형적인 사례라고 할 수 있다. 첫째, 인터넷은 전 세계에 거대한 문화적 영향을 끼쳤으나 이것은 인터넷을 발명한 사람의 의도가 아니었고 그 후 누군가 인터넷을 통제한 결과도 아니다. J. C. R. 릭라이더(Licklider)가 전 세계적으로 연결된 컴퓨터를 통해 이루어지는 사회적인 상호작용에 대한 아이디어를 최초로 생각해 냈을 때 그 연결을 통해 오늘처럼 포르노 산업이 우후죽순으로 성장할 것을 의도하지는 않았을 것이다. 둘째, 인터넷은 '각기 다른 인터페이스와 플랫폼 속에 옵션들을 두고 프로그래밍되어 있고'

어떤 나라에서는 아직도 심하게 통제하고 있긴 하지만, 인터넷 이용자는 '소비자인 동시에 생산자이기도 하고' '자기들의 필요와 결과를 위해 자신에게 적합하도록 이 공간을 변화시킬 수도 있고 창의적으로 이용할 수도 있다.' 이러한 과정에서 '정상적인 권위의 흐름이나 전통적인 검열의 과정' 밖에 새로운 형태의 권위가 존재하게 되기도 하고 사라지기도 한다.[15] 통제를 시도할 수 있지만 분산되어 그 누구도 전반적인 과정을 지배할 수는 없다.

다른 모든 구성원과 같이 기독교 공동체는 현대사회 속에서 영향력을 내부로부터, 그것도 단편적으로 행사할 수밖에 없으며 이러한 사회 참여의 결과에 대해서는 통제할 능력이 없다. 포괄적인 변화를 꾀하려면 전 세계적인 혁명이 필요할 것이다. 그러므로 기독교 공동체는 작게나마 가능한 변화를 위해 열심히 노력하는 법을 배우고, 지속적이고 근절될 수 없어 보이는 악에 대해 슬퍼하며 그 어디서든지, 누구에 의해서든지 선한 행위가 이루어지는 것을 기뻐해야 한다.[16]

기독교가 문화와 관계를 설정하는 더 좋은 방법을 논의하기 전에 기독교 공동체가 현대사회에서 자신의 위치를 어떻게 이해해야 하며 공공선을 위해 어떻게 봉사할 수 있을 것인가에 대한-내가 생각하기에 부적절하게 보이는-제안들을 먼저 살펴볼 필요가 있다. 부적절한 입장을 비판함으로써 좀더 좋은 대안을 위한 길을 닦을 수 있을 것이다.

자유주의적 프로그램: 적응

공공선을 위해 기독교가 더 넓은 문화에 참여하는 문제를 생각해 보는 하나의 방법으로서 고전적인 신학적 자유주의의 입장은 대략 다음과 같다. 기독교의 메시지를 당신이 살고 있는 문화의 개념 틀에 맞도록 해석하고 당신의 가치관을 그 사회적 관습에 따라 조정하라. 이 주장에 따르면 이러한 적응이 가능한 이유는 현대적 신념과 관습은 기독교 신앙의 핵심 가치가 외부로 작용하여 형성된 것이거나 기독교의 핵심 가치와 일치하는 것이기 때문이다. 또한 만약 이러한 적응을 받아들이지 않는다면 신앙은 과거의 유물 속에 묻혀 있을 수밖에 없다는 것이다. 이러한 과거의 유물은 현실에 대한 타당하지 않은 해석과 낡은 도덕적 신념일 뿐이므로 오늘을 살고 있는 사람들에게는 감동을 주지 못한다. 이러한 관점에서 볼 때 적응할 것인가 아니면 별 볼 일 없는 존재로 남을 것인가의 선택이 있을 뿐이다.

하지만 임기응변으로 이루어진 결정의 결과가 아니라 전반적인 전략으로서 적응을 택한다면 그것은 두 가지 이유로 적절치 않은 방향으로 가고 있는 것이다. 첫째, 현대사회가 너무나도 빠르게 문화적으로 변화한다는 것과 관계가 있다. G. K. 체스터턴(Chesterton)은 다음과 같은 유명한 말로 이러한 상황을 표현한 바 있다. "한 시대의 정신과 결혼한 사람은 바로 다음 시대에는 과부가 될 것이다." 오늘날 이런 종류의 결합은 그리 오래가지 않는다. 둘째, 현재 문화가 다원성과 통제 불가능성이 결합되어 빚어내는 상황과 관계가 있다. 결과적으로 기독교 공동체는 그들이 형성하지 않은 것에 적응하면서 그들이 직접 형성할 수 있는 것에는 제약을 받게 된다. 즉 적응함으로써 그들은 변화를 일으키기를 포기한다.

적응이라는 전략을 바탕으로 기독교 신앙을 재건설한다는 것은 기독교의 파멸을 야기할 씨앗을 품고 있는 것과 같다.[17] 적응한 뒤 대부분의 기독교 공동체에 남은 일이라고는 마치 비기독교적인 공연이 끝난 다음 무대에 올라서 기독교적인 양심을 지닌 관객을 대상으로 앞서 했던 공연을 불편하지 않도록 다듬어서 따라하는 것과 같다. 기독교 공동체들의 목소리는 자신의 소리가 아닌 다른 사람들의 목소리의 단순한 메아리가 되어 버렸다. 스탠리 하우어워스(Stanley Hauerwas)와 윌리엄 윌리몬(William Willimon)은 적응 전략의 결과를 다음과 같이 과장을 섞어서 표현했다. "슬프다, 현대사회에 말을 건네려고 몸을 기울이다가 아예 같이 떨어져 버렸다. 우리는 저항할 수 있는 신학 자원도 잃었고, 뭔가 지키고 저항할 것이 있는지 분별할 수 있는 자원도 잃어버렸다."[18]

후기 자유주의 프로그램: 순응의 방향의 반전

후기 자유주의 프로그램은 어떤 면에서 자유주의 프로그램의 반대다. 니콜라스 월터스토프(Nicholas Wolterstorff)는 이 주장을 '순응의 방향을 반전시키는 것'이라고 요약했다.[19] 자유주의 신학은 우리가 살고 있는 문화의 개념 틀에 맞도록 성경의 메시지를 해석하고자 추구했지만 후기 자유주의 신학은 그리스도인이 성경의 이야기에 도움을 받아 세상을 새롭게 설명해야 한다고 말한다.[20] 세상의 모든 역사, 즉 다원적이며 변화하는 문화를 지니고 있으며 그래서 부분적으로는 중복되고 겹쳐 있기도 하며 부분적으로는 갈등을 빚는 신앙과 관습을 가진 현대사회를 포함한 세상의 모든 역사는, 하나님이 창조한 세계를 구속하고 완성하는 섭리의 이야기 속에 있다. 그리하여 그리스도인은 이 이야기의 빛 안에서 세상을 해석하고 그 안에서 행동해야 하는 것이다.

하지만 성경의 이야기를 따라 살아가면서 기독교 공동체들이 더 넓은 문화와 나눌 의미 있는 대화로부터 스스로를 차단하지 않았던가? 후기 자유주의 프로그램을 옹호하는 사람들은 이러한 견해를 철저하게 부정한다. 그런데 의미 있는 대화를 나누기 위해서는 두 가지 조건이 필요하다. 첫째, 만약 어떤 후기 자유주의자들이 주장하듯이 교회가 자체의 담론을 가진 공동체라 한다면 교회와 비기독교 문화 간에 적어도 어느 정도의 '문화 언어적' 호환성이 존재해야 한다. 그렇지 않으면 소통은 실패할 수밖에 없다.

둘째, 비그리스도인과의 대화는 그리스도인이 듣고 배울 준비가 되어 있음을 전제한다. 자신만의 관점에서 더 넓은 문화를 해석하고 다른 사람이 어떻게 해석하는지 또는 다른 사람이 기독교 공동체를 어떻게 해석하는지 아랑곳하지 않는다면 그리스도인은 오만하고도 바보스럽다고 할 수 있을 것이다. 월터스토프는 다음과 같은 비판적인 질문을 던진다.

그러나 교회 신학자들과 신학 외의 학문들과의 관계는 이스라엘 백성이 출애굽하면서 가지고 온 금을 녹여 버리는 것과 같은 방식에 국한되어야 하는가? 애굽에서 가져온 조각상 중에 그 자체로 가치 있는 것은 없을까? 모든 조각상이 다 우상의 냄새를 풍기는 것인가? 교회 신학자들이 신학 외의 학문으로부터 배울 것이 무언가 있지 않겠는가?[21]

따라서 '순응의 방향의 반전'이라는 비유가 제시하는 것보다 더 복합적인 방법이 필요하다. 상황에 따라 순응의 방향을 결정해야 한다. 이것은 어떤 후기 자유주의자들의 입장과 상응하는 것이기도 하다.[22] 그러면 그리스도를 따르는 사람들은 어떠한 위치에 있을 때 순응의 방향에 관해 상황에 따라 바른 결정을 내릴 수 있을까? 중립적인 입장에서? 그런 중립적인 입장은 가능하지 않다. 어떠한 경우에도 그리스도인이 서 있어야 하는 곳은 예수 그리스도 안에 나타난 하나님의 계시다. 이것이 기독교 교회의 정체성을 정의하는 핵심이다. 교회의 내적 특징이기도 하고 주위의 다른 문화와 차별화되는 점이고 경계를 지키는 올바른 방법이기도 하다.[23]

그리스도인과 비기독교 문화와의 대화를 위한 두 가지 조건은 기독교 공동체와 주변 문화와의 차이에 의문을 제기하는 것처럼 보인다. 부분적인 상징적 호환성과 배움을 위한 열린 자세는 모두 근접성을 요구한다. 만약 이러한 조건을 진지하게 받아들인다면 거리나 차이나 경계의 유지는 어떻게 되는 것인가? 적응이라는 전략이 가졌던 위험성이 도사리고 있는 것은 아닐까?

분리주의 프로그램: 세상으로부터 철수

수용의 위험을 피하기 위한 하나의 방법은 기독교 공동체가 세속성이라는 바다에 떠 있는 섬이라고 상상하는 것이다. 그럴 수 있다면 자신만의 영토도 생기고 바위섬들이 바다에서 돌출되어 보이듯이 다른 문화로부터 명확히 구별될 수 있을 것이다. 이것은 후기 자유주의의 급진적인 버전이다.

디트리히 본회퍼(Dietrich Bonhoeffer)는 「나를 따르라」(Discipleship, 대한기독교서회)에서 교회를 '세계 한가운데'에 있지만 '세상으로부터 벗어난' 존재로 정의했다.[24] 그들의 환경은 그들에게는 '낯선 땅'이다. 좀더 역동적인 이미지로 본회퍼는 그리스도인들을 '낯선 땅을 통과하는' 나그네로 생각했고 기독교 공동체는 '봉인된 열차'라고도 했다. 그는 다음과 같이 말한다.

> (그리스도인에게는) 계속 행군하라는 신호가 항상 들려온다. 그럴 때마다 그는 발길을 옮기며 세상의 친구와 친척을 버리며, 오직 자신을 부르는 음성만을 따라간다. 그는 낯선 땅을 떠나며, 하늘의 고향을 향해 전진한다.[25]

본회퍼는 나치 체제에 맞서고 있는 한 교회에 목회적인 조언을 하면서 이 글을 썼다. 나치의 전체주의적인 문화 광기 속에서 그는 세상 속에 있는 그리스도인의 삶이란 '하늘에 사는'[26] 이들이 땅에서 방랑하면서 **지나가는 것**으로 보았다. 교회와 세상과의 관계에 대한 이러한 설명을 구체적인 상황으로부터 분리하여 세상 속에서 기독교의 존재에 대한 일반적인 프로그램으로 격상한다면 심각한 문제가 발생한다.

만약 기독교 공동체가 이 땅에서는 방황만 하고 하늘에서 산다면 그들만의 진리, 윤리적 규범, 그리고 생활 습관이 있을 것이며 이것은 예수 그리스도 안에 나타난 하나님의 계시에 의해서만 결정될 뿐 그들이 살고 있는 봉인된 열차 밖에 있는 진, 선, 미와는 전혀 상관이 없다. 그렇다면 그리스도인은 특정한 문화 속에 존재하기는 하지만 철저하게 그 문화의 외부적 존재가 되고 만다.

세상 속에서 기독교의 존재를 외부적으로 보는 관점에는 근본적으로 신학적 문제가 있다. 이것은 기독교 공동체가 이 땅에서 살아가는 삶에 대한 잘못된 이해다. 그들이 살아가는 세상의 문화를 하나님이 계시지 않는 낯선 땅이라고 단순하게 생각할 뿐 이 세상을 하나님이 창조하고 보기에 좋았다고 말씀하셨다는 사실은 생각하지 못하는 것이다. 그 결과 기독교 공동체들이 세상으로부터 철수하고 내부로만 눈을 돌린다면 예언자적 종교로서 기독교 신앙의 나태함을 초래할 것이다(1장과 2장 참조). 반면 이러한 기독교 공동체가 세상으로 들어가 세상을 그들이 원하는 이미지로 만들고자 한다면—소위 '공격적인 종파'가 된다면—기독교는 강압적인 신앙이 될 것이다(3장과 4장 참조). 이때 기독교 공동체와 문화와의 관계는 이슬람교에서 쿠트브가 주장한 입장과 다를 바 없다(서론 참조).

기독교 공동체 바깥 세상에 하나님의 적극적인 임재가 상실되어 있다는 생각은 기독교의 중요한 믿음을 부정하는 것이다. '새로운 생명'을 주시는 하나님은 "우리 주 예수 그리스도의 아버지 하나님"(벧전 1:3)만이 아니시고 모든 문화적 다양성을 포함해 이 세상을 창조하고 지속하게 하는 분이시기도 하다. 말씀이 "자기 땅에 오셔서"(요 1:11) 예수 그리스도 안에 머물렀다. 이와 같이 그리스도인이 각자의 문화 속에 머무는 것은 자신들에게 속한 공간에서 사는 것이다. 문화라는 것은 그리스도를 따르는 이들에게 **낯선 땅**이 아니라 **그들의 본향**이며 **유일하신 하나님의 창조물**이다. 그리스도인이 이 세상으로부터 멀어져 있다면 그것은 세상이 하나님으로부터 멀어져 있고, 또 그들 자신이 하나님으로부터 멀어져 있을 때에 그러할 것이다. 기독교 공동체는 본향의 문화를 버리고 밖에서 새로운 정착지를 만들거나 그 가운데서 외딴섬으로 살고자 해서는 안 된다. 대신 그 가운데 남아서 변화를 이끌어내야 한다. 외부 세력의 권력을 전복하고 그 문화를 좀더 하나님과 그분의 뜻에 가깝게 일치되게끔 노력해야 한다. 때론 독일의 나치와 같이 문화가 심각하게 잘못된 예외가 있겠지만 기독교를 구분하는 '차이'는 늘 주어진 문화 세계에 **내부적**이어야 한다.

내부적 차이: 더 좋은 방법

그럼 기독교가 **내부적** 차이로 구별되어 존재한다면 공적 영역에 대한 그리스도인의 참여를 어떻게 이해해야 하는가? 이것은 상황에 따라 다를 수 있다. 오늘날 런던에서의 공적 참여는 히틀러가 지배하던 베를린의 경우나 스탈린이 통치하던 모스크바와 매우 다를 것이다. 그리고 8세기의 콘스탄티노플에서의 공적 참여 또한 18세기 워싱턴이나 오늘날 인도의 방갈로르와 다를 것이다. 이 글에서는 1453년 함락 전의 콘스탄티노플이나 제2차 세계대전 중의 모스크바보다는 런던이나 방갈로르같이 변화가 빠르고 사회 하위조직이 자족적이며, 문화적 다원성을 갖추고 통제가 제한적인 곳을 더 구체적으로 다루고자 한다.

사람들이 그들을 위해 만들어진 문화 상품을 어떻게 사용하는지에 대한 미셸 드 세르토(Michel de Certeau)의 설명이 이러한 상황에서 기독교의 공적 참여의 본질을 생각하는 데 도움이 된다. 그는 이렇게 말한다. "지배적인 문화와 경제 안에서 사용자들은 그 문화와 경제에 대한 무수한 작은 변화를 만들어 낸다. 그리하여 그들의 이익과 규칙에 적응시키려 한다."[27] 그는 사용자의 창의력을 설명하면서 1492년 10월 12일 스페인의 배들이 라틴아메리카의 해안을 향해 출항하면서 시작된 아메리카 대륙 원주민의 식민화라는 극단적인 사례를 살핀다. 우리는 아메리카 원주민이 억압받고 매우 취약한 상태에 있었지만 그렇다고 그들에게 강요된 문화를 단지 수동적으로 받아들인 것은 아니었다는 사실을 깨닫지 못할 때가 잦다. 드 세르토는 다음과 같이 말한다.

인디언은 자주 그들에게 강요되거나 그들을 유인한 법률이나 관습 그리고 대의권을 정복자들의 목적과는 다른 목적을 위해 이용했다. 그것으로 다른 것을 만들었다. 그들은 안에서부터 전복했다. 그들에게 부과된 것을 거부하거나 변형함으로써가 아니라 (변형되는 경우도 있기는 했지만) 다양한 방법으로 그들이 불가피하게 당해야 했던 식민화에는 자신들에게 익숙한 다른 규칙, 관습, 신념을 위해 사용했다. 그들은 일종의 은유법을 사용하듯이 지배적인 질서를 이용해서 다른 것을 의미하게 만들었다. 그 구조 속에서 외부적으로 그들을 동화시키는 구조를 그들에게 적합하도록 오히려 동화시키면서 타자로 그 구조 안에 남았다. 자리를 떠나지 않으면서 동화를 피했다. 소비의 과정을 통해 지배자들이 조직하고 있는 그 공간 속에서 그들의 차별성을 유지했다.[28]

정복이나 식민지라는 이미지로 문화와 기독교 공동체의 관계를 설명하는 것은 그리 적절치 못하다. 문화를 저항해야 하는 침입 세력이라고 단순히 말할 수는 없다. 문화는 우리가 살고 있는 공간이며 우리가 마시는 공기와 같다. 그러므로 식민지배라는 이미지는 잠깐 접어 두고 드 세르토가 말하는 지배 질서 속에서 사는 것에 대한 설명에만 집중해 주기 바란다. 그의 설명 속에서 눈에 띄는 이미지는 문화를 '은유법을 사용하듯이 사용'한다는 것과 다른 것을 의미하도록 만든다는 것, 안에서부터 전복시킨다는 것, 다른 목적을 위해 사용한다는 것, 떠나지 않으면서 동화를 피한다는 것 등이다. 이것들은 모두 문화를 포기하는 것과 지배하는 것 사이에 있는 길을 표현하고 그 문화 안에 있으면서도 차이점을 주장한다는 것이 무엇을 의미하는지를 제시한다.

드 세르토가 표현하는 '떠나지 않으면서 다르게 사는 것'(leaving without departing)에 대한 기본적인 생각과 그로부터 파생되는 다양한 전략을 기독교 공동체와 문화의 관계에 적용해 보자. 어떠한 패러다임의 선택지를 찾을 수 있는가? 첫째, 그리스도인은 그들이 살고 있는 문화의 어떠한 요소를 단순하게 받아들일 수 있다. 예를 들어 그리스도인만이 특별하게 사용하는 식기란 없다. 포크와 나이프를 사용하든, 젓가락을 사용하든 그것은 중요하지 않다. 물론 신앙적인 관점에서 좀더 디자인이 잘되고 장식이 아름다운 것을 선호한다든지, 환경친화적인 식기를 선호하도록 권유할 수는 있겠다. 하지만 예수 그리스도의 이야기를 따라 그리스도인은 자기네가 살고 있는 문화 속의 요소를 그들 나름대로 변형해 사용한다. 식생활의 예를 계속 들자면, 식사라는 것은 꼭 개인 또는 공동의 본능적인 만족만을 위한 것이 아니라 나눔과 예배의 표현이 될 수 있다. 그렇게 되면 식사의 성격이 변화된다. 그러면 배고픔의 성격이 변한다. 카를 마르크스는 다음과 같은 유명한 말을 남겼다. "배고픔은 배고픔이지만, 요리된 고기를 포크와 나이프로 먹어 치우는 배고픔은, 손이나 손톱, 이빨을 사용해서 날고기를 게걸스럽게 먹어 치우는 배고픔과는 다르다."[29] 이와 같이 낯선 사람들과 함께 나누며 하나님을 경배하면서 채워지는 배고픔과 자신만의 먹는 즐거움만을 생각하면서 채워지는 배고픔은 다를 것이다.[30]

때로는 다른 용도로 사용하기 위해서 사물 자체가 개조되어야 할 필요도 있다. 환대의 장소가 되려면 안방은 좀 줄이고 손님용 방을 만들고 거실을 크게 만들 필요가 있다. 이것은 그리스도인으로서 주어진 문화 안에서 다르게 살아가는 두 번째 방식을 깨닫게 해준다. 한 문화의 대부분의 요소를 취하되 안에서부터 변형하여 사용하는 것이다.

그리스도인의 언어 사용도 좋은 예다. 그리스도인은 그들이 살고 있는 문화의 언어를 사용하지만 단어의 의미 속에 새로운 내용을 주입한다. '하나님'이라는 용어는 그리스도인의 어휘에서 가장 기본적인 단어다. 그리스도인이 그 단어를 만들어 내지는 않았다. 그들은 하나님의 백성인 히브리인에게 그 단어를 물려받았고 또한 그들이 속한 문화적 환경 속에서 하나님을 나타내는 단어를 취하여 사용한다. 그러나 유대인이 '하나님'을 '아브라함과 사라의 하나님, 모세와 미리암의 하나님'을 의미하는 단어로 사용하듯이 그리스도인에게는 하나님이라는 단어의 의미가 부분적으로 바뀌어 '예수 그리스도의 아버지'라는 의미를 갖게 되며 궁극적으로 삼위일체이신 하나님에 대한 이해에 이르게 되었다. 그리스도인이 사용하는 많은 단어는 이와 같이 내부적인 변화를 겪었다.

그리스도인의 많은 관습에도 역시 비슷한 변화가 있었다. 그리스도인은 문화적으로 정의된 관습에 참여하지만 예수 그리스도 안에서 하나님이 나타내신 계시에 뿌리박은 그들만의 지배적인 가치관에 근거하여 새롭게 변형시킨다. 결혼이라는 제도를 예로 들자면 한 문화에 속해 있는 그리스도인이나 비그리스도인에게 결혼의 요소는 동일하다. 하지만 그리스도인으로서 결혼을 통해 맺는 두 사람의 사랑은 그리스도와 교회의 관계를 반영한다. 그리하여 두 사람은 서로를 위해 살고 희생하면서 자신을 사랑하고 자신을 사랑하듯 배우자를 사랑한다(엡 5:21-33).

셋째, 문화의 요소 중 그리스도인이 거부해야 할 것들이 있다. 그 좋은 예가 노예제도다. 사회제도로서 폐지되기 이전에 그 의미를 상실해서 껍데기만 남은 제도이기는 했지만 그래도 노예제도는 내버려야 했다. 그리스도 안에서는 '종도 자유인도 없으며' 모두가 '믿음으로 말미암은 하나님의 자녀들'이다(갈 3:26-28). 주인인 빌레몬은 그의 종인 오네시모를 도망간 종으로가 아닌 '사랑받는 형제로' 그리고 '주 안에서'뿐만 아니라 '육신으로서도' 받아들여야 했다(몬 1:16). 주인과 종이 서로 '사랑받는 형제'로 인정하게 되고, 헤겔의 표현을 사용하자면 주인과 노예 간의 상호적인 인정을 하게 되면서[31] 비록 외면적인 제도의 껍질은 억압적인 현실로 남았지만, 노예제도는 사실상 폐지되었다.

앞에서 살펴본 문화와 관계 맺는 세 가지 상호보완적인 방법을 통해서 우리는 그리스도인이 한 문화에서 갖게 되는 정체성이란, 크고 작은 거부, 차이, 전복들, 그리고 근본적이고 전면적인 대안 제시와 시행을 통해, 많은 문화적인 제약을 수용해야 하는 환경 속에서 이루어 가는 복잡하면서도 유연한 네트워크라는 결론에 이르게 된다. 기독교 공동체가 어떤 특정한 문화 전체와 혹은 폭을 좁혀서 그 문화의 지배적인 힘과 관계를 맺는 단 하나의 방법이라고 할 만한 것은 없다. 다만 한 문화 속에 존재하면서 그 문화의 여러 측면을 받아들이고, 변화시키고, 대안을 만들어 내는 다양한 방법이 있을 뿐이다. 그리스도인은 그들에게만 있는 **고유하고 배타적인** 문화적 영토, 즉 언어, 가치, 관습과 합리성을 가져 본 적이 없다. 한 언어의 의미들을 은유화한다 해도 그 언어는 다른 이들로부터 배운 것이다. 한 문화 전체의 가치 구조를 물려받기는 하지만 어떠한 요소는 어느 정도 과감하게 변화시키고 어떤 요소는 받아들이기를 거부한다. 한 문화의 규범을 받아들이기는 하지만 그것을 완전히 뒤집을 때도 있고 부분적으로 변화시킬 때도 있고 따르기를 거부할 때도 있으며 새로운 것을 도입하기도 한다.

그리스도인이 된다는 것은 자신이 속해 있는 자리를 떠나지 않으면서도 다르게 살아가는 것이다. 그리스도인으로 산다는 것은 주어진 문화 속에서, 문화 밖으로는 한 발자국도 내딛지 않으면서 그 문화에 이질적인 것을 계속해서 도입하는 것이다.

해서는 안 되는 두 가지와 해야 하는 한 가지

이제 내가 내부적 차이라고 부른, 현대사회에서의 기독교 정체성을 확립하고 문화 속에 참여하는 방식을 간결한 명제로 요약해 보겠다. 그것은 두 가지 해서는 안 되는 것과 한 가지 해야 하는 것으로 정리할 수 있다.

완전하게 변화시킬 수는 없다

그리스도인이 갖고 있는 차이가 한 문화에서 내부적이라는 점은 그리스도인이 **살아가는 문화 전체**를 변화시킬 수 있는 외부적인 장소에 있는 것이 아님을 의미한다. 사회적이나 지적인 삶 전체의 구조조정이라는 명백히 근대적인 프로젝트를 수행할 수 있는 외부의 장소는 없다. 근본적으로 다른 새로운 도시를 만들 수 있는 미개척지도 없다.[32] 완전한 변화는 불가능하다. 모든 변화는 일종의 재건이며 재건하는 동안에도 사람들이 그 안에서 살아가고 있는 구조의 재건일 뿐이다. 완전한 변화는 바람직하지도 않다. 종말론적인 새로운 예루살렘이 "하나님께로부터 하늘에서 내려온다"(21:2)는 요한계시록의 말씀을 생각해 보자. 새 예루살렘성은 그리스도인이 설계하고 건설하는 도시가 아니다. 그러면서도 새 예루살렘성은 이전의 질서와 불연속한 것만이 아니라 연속성 속에 있기도 하다. 요한계시록은 '사람들' 그러니까 그

리스도인이 아닌 사람들도 "만국의 영광과 존귀를 가지고 그리로 들어간다"고 말한다(21:26).[33]

역사 속에서 그리스도인은 처음부터 계획해서 지어진 브라질의 행정 수도 브라질리아 같은 현대 도시를 건설하는 게 아니다. 그들은 고대 도시와 닮은 무언가를 건설한다. 고대 도시들은 "좁은 거리와 광장, 오래된 집과 새로 지어진 집, 그리고 그 집에 세월이 흐르면서 덧붙여진 부속건물이 미로와 같이 얽혀 있고 그 주위를 반듯한 거리와 획일적인 모양으로 지어진 집들이 들어선 수많은 새로운 마을이 둘러싸고 있다."[34] 이것은 철학자 루트비히 비트겐슈타인이 언어를 설명하는 글에서 인용한 내용이다. 그리스도인이 하나의 문화 속으로 다양한 모습을 보이는 비그리스도인과 함께 들어가게 될 때에 이와 비슷한 변화가 서서히 일어난다.

적응도 불가능하다

그리스도인이 세상을 변화시키는 프로젝트가 더 넓은 문화에 적응하는 것이 포함되어서는 안 된다. 우리는 구시대적 근본주의자들이 적응을 거부했다는 사실을 잘 알고 있다. 적응을 거부했다는 점에서 그들은 옳았다. 물론 그들도 그들의 주장에 부응하지 못할 때가 있었고 어떤 문화 요소에 대해서는 적응하게 된다는 것은 어느 정도 예측 가능한 일이기도 하다. 물론 그 적응이 진보주의자들의 적응과는 다른 영역에서 이루어지기는 했지만 말이다. 적응이라는 전략은 실패했고 현대사회의 성격상 앞으로도 성공하기 어려울 듯하다. 더욱이 주어진 문화로부터 분명하게 구분된다는 기독교의 특별한 정체성에 대한 굳

건한 확신이 없이는 문화적 적응은 기독교의 해체를 불러올 수 있는 씨앗을 내포한다.

기독교의 정체성이 중요하다면 그 정체성과 다른 문화와의 차이도 중요하게 여겨야 한다. 좀더 노골적으로 표현하자면, 그 차이점을 없애면 **아무것도** 남지 않을 것이다. 우리 모두가 다른 모든 것과 함께 분화하지 않은 '모호함'의 바다에 빠져 버릴 것이다. 차이점을 지우는 것은 창조 그 자체 그리고 하나님이 무(無)로부터 우주 만물을 형성하셨을 때 만드신 분리됨과 동시에 상호 의존을 이루는 그 복잡한 방식을 원점으로 돌리는 것이다. 그러므로 **모든** 것은 서로의 차이 때문에 존재한다.[35] 이러한 통찰을 문화와 복음 간의 관계에 적용해 보자. 여기도 역시 모든 것이 차이에 달려 있다. 차이가 있어야 복음도 있다. 모든 차이가 소멸된다면, 그저 평범한 오래된 문화 아니면 전 세계적인 하나님의 통치만이 있을 뿐이다. 그러나 복음은 없을 것이다. 복음은 항상 차이에 대한 것이다. 복음, 즉 좋은 소식은 좋은 것, **새로운** 것, 그래서 무언가 다른 것을 의미하는 것 아닌가.

그렇다면 문화적 변화 속에서 기독교의 정체성과 차이를 어떻게 '타협할' 것인가? 첫째, 기독교의 정체성은 외부적인 것을 거부하고 싸워서 이루어지는 것이 아니라 핵심 요소를 포용하고 강조함으로써 생긴다. 말씀이신 예수 그리스도께서 육신을 입고 하나님의 어린양이 되어 세상의 죄를 지신다는 복음의 핵심 말이다. 차이란 독특하기 때문에 중요한 것이 아니다. 문화나 성격과 달리 기독교 신앙에서 독특성은 별 의미가 없다. 차이는 정체성 때문에 그리고 정체성이 중요한 만큼 중요성을 띤다. 다시 말하자면 제대로 이해된 기독교 정체성이란 반동적이지 않고 적극적이다. 주변의 다른 이들이 너무 가까워 불편하거나 위협을 느낄 만큼 공격적이라 해도 그들에 대한 두려움이 아니라 핵심 가치가 차이를 규정한다.

둘째, 외부에 있는 대상과의 관계는 사랑으로 지배되어야 한다. 하나님은 아름답게 창조하셨지만 잘못된 방향으로 가고 있고 빗나간 '세상을 이토록 사랑하셔서' 그 세상을 구하기 위해 예수 그리스도를 보내셨다. 이와 같이 예수 그리스도를 따르는 이들은 적이든 친구든 같은 종교인이든 불신자든, 그들을 사랑하기 위해, 그리고 진실하고 선하고 아름다운 대상을 만나면 그것을 즐거워하기 위해, 예수 그리스도께서 오신 것같이 세상으로 파송된다.

셋째, 경계는 투과성(透過性)이 있어야 한다. 경계가 없으면 한 집단은 정체성을 잃고 그 집단이 누릴 수 있는 영향 자체를 포기하는 셈이 된다. 그렇지만 기독교 공동체의 경계가 뚫고 들어갈 수 없는 높은 성벽과 같아서는 안 된다. 그 경계는 소통을 위해 열려 있어야 한다. 그래야 변화를 위해 참여할 수 있고 밖에 있는 아름다움을 인식하기도 하고 그로부터 배울 수 있다.

내가 말하고자 하는 바를 요약하자면 적응이란 의도하지 않더라도 일어나게 되는 과정이라는 사실이다. 이것은 피할 수 없다. 나는 차이를 성취로 이해한다. 주변 문화와 역동적으로 주고받으며 하나님과 이웃을 향한 사랑을 실천하면서 믿음을 중심으로 자신의 정체성을 정의하는 의식적인 노력이다. 사실상 일어나게 되는 적응과 의식적으로 만든 투과성 있는 경계의 긍정적 결과는 문화화(inculturation)라 할 수 있다. 이것은 문화 속으로 들어가고 그 문화 속에서 뿌리를 내리면서 드러나는, 문화라는 틀을 통한 기독교 신앙의 표현이다.

참여가 답이다

기독교 공동체의 예언자적 역할은 세상을 고치기 위해, 인간의 번영을 위해, 그리고 공공선을 위해 세상에 참여하는 것이며 기독교 정체성을 말과 행동을 통해 세상 속으로 투사하는 것이다. 여기에는 두 가지 결과가 따른다.

첫째, 그리스도를 따르는 이들은 그들의 **전 존재를 통해** 세상에 **참여**한다. 참여는 단순히 말하는 것과 행동하는 것만이 아니다. 지적이고 감동적인 비전을 제시하고 대안적인 삶을 실천하는 것만도 아니다. 내면의 삶의 풍부함과 깊이를 나타나게 하고 사회제도를 변화시키기 위해 일하는 것만도 아니다. 성만찬을 경축하기 위해 모여서 세상과는 다른 공동체의 모습을 제시하거나 세상 속에 흩어진 하나님의 백성으로서 변화를 위해 일하는 것만도 아니다. 참여는 이 모든 것이자 그 이상이다. 한 사람의 삶 전체가 인간의 번영을 위해 노력하고 공익을 위해 섬기는 것과 관련되어 있다. 물론 사적인 것과 공적인 것 그리고 개인적인 것과 공동체적인 것의 구분이 중요하겠지만, 이러한 부분은 불가분하게 서로 의존하고 있으며 분리할 수 없는 통합을 이룬다.

둘째, 그리스도인의 참여는 **문화의 모든 차원**과 연결된다. 우선 암묵적으로나 명시적으로 **자신**을 이해하는 것과 관련되고 그 자신이 내면적으로 무엇을 하고, 혼자 집에 있을 때나 아니면 공공장소에서 어떻게 행동하는지와 관련된다. 다음으로 **사회적 관계**와 관련된다. 경제, 정치, 연예 그리고 커뮤니케이션에 있어 사람들의 권리나 의무와 관련된다. 마지막으로 그리스도인의 참여는 우리가 한 사람의 개인이자 사회인으로서 무엇을 추구해야 하는지, 무엇을 피해야 하는지를 정의해 주는 **선을 향한 비전**과 관련된다. 그리스도인의 참여는 문화의 모든 영역과 연결되어 있지만, 그 하나도 완전히 변화시키려 하지는 않는다. 대신 모든 영역에서 선을 추구하고 찾아내어 그것을 보존하고 강화한다. 범위로는 전체적이지만 정도로는 제한적이다. 이러한 제한은 개인적·제도적 혹은 사회 전반의 변화에 대한 저항 때문만이 아니라 인간성의 유한성과 연약함 때문에 나타나며 변화를 추구하면서 선한 방법을 포기할 수 없기 때문에 드러나기도 한다.

다음 두 장에서는 그리스도인이 공적으로 참여하는 두 가지 방식인 비그리스도인에 대한 증언과 정치에의 참여를 살펴보려 한다.

6장
지혜를 나누며

우리가 살아가는 시대는 갈등은 거대하지만 희망은 보잘것없어 보인다.

먼저 우리의 희망에 대해 살펴보자. 「진정한 아메리칸 드림」에서 앤드류 델반코는 아메리칸 드림이 뜻하는 내용이 변해 온 역사를 추적한다. 아메리칸 드림은 청교도인 건국의 아버지들에게는 '거룩하신 하나님'이었고 19세기 애국자들에게는 '위대한 국가'였으며 오늘날 많은 사람에게는 '자기만족'이 되었다.¹ 약간의 수정만 거치면, 미국의 사례는 세계적 시장체제로 통합된 대부분의 사회 동향을 가리키는 지표가 될 수 있다. 내가 4장에서 주장했듯이 한 인간으로서의 번영이 경험적으로 만족스러운 삶을 산다는 뜻으로 축소되어 버렸다. 만족을 주는 근원은 권력, 소유, 사랑, 종교, 섹스, 음식, 마약 등 **각자 다를 것이다**. 만족의 근원은 상관하지 않고 만족을 **경험하는 것**, 즉 **자신의 만족**만이 중요하게 되었다. 우리의 가장 큰 희망이 자아의 만족이 되어 버린 것이다. 이 자체가 한심한 일이기도 하지만 개인적 만족에 대한 집착에는 실망이라는 어두운 그림자가 반드시 따라붙는다. 우리는 자기만족보다 더 크고 의미 있는 삶을 위해 태어났다. 보잘것없는 희망은 스스로를 파멸하게 하고 우울해지는 경험을 낳을 뿐이다.

둘째, 우리의 세계는 작고 사소한 갈등은 물론이고 거대한 갈등 속에 사로잡혀 있다. 이러한 갈등 중 다수는 종교적인 색채를 띠지만 그렇다고 종교적 분쟁이라 단정하기도 어렵다.[2] 그리스도인과 무슬림이 서로 충돌하고 있고 무슬림과 유대교도, 힌두교도와 그리스도인, 불교도와 무슬림도 그렇다. 그 외의 충돌도 많지만 그중 기독교를 대표하는 서방과 거의 전체의 이슬람 세계 간의 갈등은 다른 모든 문제를 무색하게 한다. 거의 모든 문제에서 종교 자체가 원인은 아니지만, 종교가 일상적인 문제 혹은 우리의 보잘것없는 희망을 성스러운 기운으로 감싸면서 충돌과 갈등을 정당화하고 오히려 불을 지르기도 한다.

거의 모든 종교는 사람의 마음을 열어 더 넓은 공동체와 실재의 근원과 목적에 연결하는 것을 중요 목표로 삼는다. 동시에 모든 종교는 평화를 도모하기 위해 중요하고 필수불가결한 자원을 가지고 있다고 주장한다. 그러나 종교의 이 두 가지 기능이 상충할 때가 있다. 분명한 정체성을 지닌 종교들이 사람들을 신성한 존재와 연결해 주고, 사람들을 화해시키고 자기실현이 그 이상의 큰 희망을 품게 하다 보면 서로 다른 신앙을 지닌 공동체들이 때로 충돌할 수 있는 것이다. 종교가 사람 간의 충돌을 정당화하거나 갈등을 심화시키는 것을 피하게 되면 이런 종교는 개인적인 영역으로 물러나거나 사람들이 내면에 몰두하도록 몰아간다. 이것이 1장에서 제시한 오늘날의 종교 형태라고 할 수 있다. 오늘날의 종교는 강요와 나태함 사이를 계속 오가고 있다.

다원적인 세상에서 모든 종교의 주된 사명은 **사람들이 보잘것없는 희망에서 벗어나 의미 있는 삶을 살게 하고 갈등을 해결하며 다른 사람들과 더불어 살아가도록 돕는 것이다.** 그러기에 신앙의 지혜를 나누는 법을 배우는 일이 중요해진다. 신앙인으로서 지혜를 공유할 줄 모른다면 만족스러운 삶을 살기 위해 노력하면서도 불만족한 채 살고 있는 우리 시대의 사람들을 돕지 못할 것이다. 동시에 자신들의 신앙 전통을 통해 삶에 의미를 부여하려 하지만 해결하기 힘들고 치명적인 갈등 속에 빠져 있는 사람들에게도 도움이 되지 못할 것이다.

그렇다면 신앙의 지혜를 어떻게 하면 잘 나눌 수 있을까? 그리스도인의 관점에서 이 질문을 풀어 보겠다. 하나의 보편적인 종교가 없듯이 신앙의 지혜를 나누는 데에도 모든 종교를 포괄하는 하나의 방법은 없다. 그렇지만 다른 종교를 믿는 사람들도 나의 주장에 공감하는 바가 있으리라 생각한다. 그러나 먼저 기독교적인 관점에서 지혜란 무엇이며 왜 사람들이 그것을 공유해야 하는지 살펴보자.[3]

지혜란 무엇인가?

그리스도인은 전통적으로 신앙을 삶에 대한 종교적인 부가물이라고 생각하기보다 삶 전체를 하나로 통합하는 가치로 이해한다.[4] 그러므로 기독교의 지혜는 신앙 자체라고 할 수 있다. 현실에 대한 해석이자 신념과 태도와 관습의 체계로서 사람들이 바르게 살아가게 돕는 것이다. 그들에게 '바르게 사는 것'은 하나님이 계획하신 대로 인간답게 사는 것이며 현실과 세상의 참된 모습에 거슬리지 않게 사는 것을 의미한다. 이렇게 보면 지혜란 인간과 공동체와 모든 창조물의 번영을 위한 통전적인 **삶의 방식**이다(4장 참조). 이 길을 따라 살 때 인간은 지혜로울 수 있다.

또한 그리스도인은 지혜를 삶의 전체적인 방식만으로 보지 않고 훨씬 더 구체적인 가치로 이해했다. 즉 어떻게 하면 번영할 수 있는지 알려 주는 **구체적인 조언**이라 생각해 왔다. 잠언에는 이렇게 쓰여 있다. "미련한 자는 명철을 기뻐하지 아니하고 자기의 의사를 드러내기만 기뻐하느니라"(잠 18:2). 또 예수 그리스도께서는 "주라, 그리하면 너희에게 줄 것이니"(눅 6:38)라고 말씀하셨다. 사도 바울은 "아무것도 염려하지 말라"(빌 4:6)고 하며 에베소서에서 "서로 친절하게 하며 불쌍히 여기며 서로 용서하기를 하나님이 그리스도 안에서 너희를 용서하심과 같이 하라"(엡 4:32)고 권면한다. 이렇게 우리는 신앙의 지혜로운 조언을 '작은 조각'으로 받는다. 바르게 이해하면 이런 조언의 조각은 살아가는 지혜의 구성 요소가 된다. 사람들이 이런 조언을 잘 따를 때 지혜롭게 될 것이다.

그리스도인이 지혜를 이해하는 더 근본적인 방법이 있다. 이 방법은 놀랍게도 지혜를 '인격'으로 이해하는 것이다. 잠언에서 지혜는 여성명사로 의인화되어 있다. 그녀는 하나님 창조의 근원이며 사람들을 불러 모아 말을 들으라 하고 그녀에게 순종함으로써 번영하라고 말한다(잠 8장). 그리스도인은 인격화된 '지혜의 여성'이 바로 말씀이 육신이 되신 것으로 여긴다(요 1:1-14). 사도 바울도 예수 그리스도가 "하나님으로부터 나와서 우리에게 지혜가 되셨다"고 말했다(고전 1:30). 그리하여 예수 그리스도를 따르면 인간은 지혜로울 것이고, 한 발 더 나아가 근본적으로 인간이 된 지혜이신 그분을 우리 안에 거하게 하고 그분을 따르며 그분의 지혜에 따라 행동할 때 우리는 지혜롭게 되는 것이다(갈 2:20).

위에서 말한 바에 따르면 '지혜'는 역동적이고 끊임없이 변화하는 현대사회에서 사람들이 "이렇게 하는 것이 당분간은 지혜롭겠군!" 하고 말하는 식의 개인적인 취향이나 선호가 아니다. 또한 어떤 민족종교나 문화에서 보여 주는 바와 같이 "당신에게는 아닐지도 모르지만 우리에게는 이렇게 하는 편이 지혜로운 것입니다"라고 말할 수 있는 집단의 정체성을 표시하는 표지가 되는 유용한 관습도 아니다. 그리스도인에게 지혜란 모든 사람에게 아주 깊은 차원에서 적용되는 특별한 종류의 **진리**다. 따라서 어떠한 집단이나 민족 혹은 어떠한 과제나 목표를 이루는 데에만 관련된 것이 아니다. 삶의 방식으로서 지혜 또는 지혜의 구현자이신 예수 그리스도를 받아들이지 않는 것은 식사를 한 뒤 후식을 먹지 않는 것과는 확연히 다르다. 그것은 인간의 번영에 없어서는 안 될 필수 영양분을 거부하는 것이기 때문이다.

물론 기독교의 이런 주장에는 논란의 여지가 있다. 타 종교나 세계관을 부정하는 진술이라고 할 수는 없지만, 기독교 신앙이 인간이 성공하게 하는 열쇠를 가졌다는 주장이 아니라 **사람**됨 자체의 열쇠를 가지고 있다는 주장이기 때문이다. 하지만 무슬림 같은 타 종교인에게 문제가 될 수 있는 것은 특정한 종교의 지혜가 모든 사람에게 필수적일 수 있다는 점이 아니라 이 주장이 이슬람교가 가진 지혜에는 적용될 수 없고 기독교에만 적용된다고 주장할 때일 것이다. 논란이 될 수 있지만 대부분의 그리스도인이 이러한 주장이 필요하다고 생각한다. 유대교도의 유일신 사상은 서구 종교에 보편적인 진리에 대한 개념을 도입하게 했다.[5] 기독교는 그 개념을 받아들이고 더 급진적으로 발전시켰다. 즉 신앙의 지혜는 신앙의 보편 진리와 불가분하게 연결되어 있다. 그리하여 변화하는 시대 상황에 따라 유연하게 적용할 수는 있지만 이 지혜는 모든 시대 모든 사람에게 타당한 것이다.

이야기를 좀더 간결하게 하기 위해, 앞으로 왜 그리고 어떻게 지혜를 나누어야 하는가를 탐구하게 될 때 지금까지 살펴보았던 지혜에 대한 세 가지 생각을 하나로 합쳐서 사용할 것이다. 물론 이렇게 할 때 분명히 문제점이 생긴다. 왜 그리고 어떻게 지혜를 나누어야 하는가를 살펴볼 때 세 가지 지혜에 대한 개념에 따라 분명한 차이가 나타날 것이기 때문이다. 지혜를 나누어야 하는 이유와 방법에 있어서도 지혜를 조언의 작은 조각으로 이해하느냐 삶의 방식으로 이해하느냐 거룩한 인격으로 이해하느냐에 따라 겹치는 내용이 없을 수도 있다. 나는 이 세 가지 구분되는 의미에서 지혜를 나눌 때 나타나는 차이에 대해서도 지적하려 한다. 그러나 그렇게 하지 못할 때 발생하는 공백은 독자에게 맡기겠다.

왜 지혜를 나눠야 하는가?

왜 지혜를 나누는 것이 중요할까?

첫째, 그리스도인에게는 지혜를 나눠야 하는 **의무**가 있다. 죽으시고 부활하신 후에 예수 그리스도께서는 제자들에게 복음을 선포할 사명을 주시고 "아버지께서 나를 보내신 것같이 나도 너희를 보내노라"라고 말씀하셨다(요 20:21). 이 말씀을 넓은 의미로 해석하면 하나님의 지혜를 세상과 함께 나누라는 의미가 된다. 그리스도인은 예수 그리스도의 명령 때문에 지혜를 나누는 것이다.[6]

둘째, 지혜를 나누는 의무는 이웃 사랑의 표현이다. 성부 하나님이 예수 그리스도를 세상으로 보내신 이유가 세상을 향한 하나님의 사랑 때문이듯이(요 3:16), 그리스도인도 동료 인간을 향한 사랑 때문에 복음을 전하는 것이다. 복음 전파의 사명은 어떤 경우에도 사랑에 기인한 것이어야 한다. 그리스도인은 곤경에 빠진 사람들이 삶의 의미를 찾고 갈등을 해결하도록 도우며, 굶주린 사람들에게 먹을 것을 주며 헐벗은 사람들에게 입을 것을 주어야 하는 이유를 깨닫게 하기 위해 지혜를 나눈다. 더욱이 하나님이 인간을 창조하시며 부여하신 삶의 방식과 '동기화되지 못해서' 곤경에 처하거나 망하게 되지 않기를 바라기 때문에 다른 사람들과 지혜를 나눈다.[7]

하지만 궁극적으로 그리스도인은 단지 명령에 순종하기 위해서나 단순히 이웃을 사랑하기 때문에 지혜를 나누는 것이 아니다. 그들 안에 거하는 지혜가 그들을 통해 다른 사람들에게 전해지기를 추구하기 때문이고 또 그래야 한다는 부담을 느끼게 되는 것이다. 사도 바울은 이것을 이렇게 표현했다 "그리스도의 사랑이 우리를 강권하시는도다"(고후 5:14).

지혜를 나누어야 하는 이러한 신앙적인 동기는 **기독교 신앙의 특징과 적합성을 갖는다.** 앞에서 말한 것처럼 세계의 다른 주요 종교와 같이 기독교는 예언자적인 유일신 사상이다. 먼저 **유일신 사상**에서 지혜를 나누는 함의를 살펴보자. 세상과 하나님의 관계에서 '거룩하신 분'과 세속적인 '세계 전체'에는 엄밀한 상호 연관성이 있다. 하나님이 한 분이시므로 그분은 모든 현실 세계의 하나님이시다. 특정한 상황에 따라 구체적인 모습은 다르게 나타나지만 유일하신 하나님의 지혜는 인간 전체를 위한 지혜이지 그중 일부만을 위한 것이 아니다. 그러므로 모두와 함께 나눠야 하는 것이다.

지혜를 나눠야 하는 동기는 유일신 사상에 의한 설명에 더하여 기독교 신앙의 예언자적인 성격에 의해 한층 더 분명해진다. 1장에서 설명했듯이 예언자적 종교는 두 가지 기본적인 움직임에 의해 짜여 있다. 하나님과의 만남이나 깊은 말씀 연구로 신성한 세계로 상승하는 것과 세상을 위한 메시지를 받아 회귀하는 구조로 되어 있는 것이다. 이렇게 두 부분으로 나뉘어 있는 움직임은 예수께서 공생애를 시작하실 때 광야에서 금식하신 이야기에 잘 나타나 있다. 상승을 통해 종교적인 인물들은 지혜를 얻고 변화된다. 그리고 회귀를 통해 그들은 세상을 변화시키고자 동료 인간에게 그 지혜를 나눈다. 상승이 일어나는 이유는 신비주의적 종교처럼 단순히 신과의 만남이 유익을 주기 때문이 아니다. 회귀를 위해 상승이 일어나는 것이다. 그리하여 세상이 고침을 받고 하나님이 계획하신 본연의 모습에 더 가깝게 다가가도록 하기 위해서다.

그리스도인에게는 신앙의 지혜를 다른 이와 나누어야 하는 매우 강력한 이유가 있다. 비록 개신교의 경우 종교개혁이 시작된 1517년에서부터 윌리엄 캐리가 근대 개신교 선교운동을 시작할 때까지 타 문화권에 대한 선교적인 열정이 식어 버리기도 했지만 말이다.[8] 기독교 역사에서 전반적으로 그리스도인은 신앙의 지혜를 다른 사람들과 나누려는 노력을 아낀 적이 없다. 그러나 어떠한 상황에서는 그것이 그다지 지혜롭지 못할 때도 있다. 산상수훈에서 예수님이 "거룩한 것을 개에게 주지 말며 너희 진주를 돼지 앞에 던지지 말라. 그들이 그것을 발로 밟고 돌이켜 너희를 찢어 상하게 할까 염려하라"(마 7:6)고 엄하게 경고하신 말씀은 잘 알려져 있다. 이렇게 심한 단어들을 사용하신 이유는 종교 간의 관계가 때로는 매우 긴장되고 폭력적일 수 있음을 상기시켜 주시기 위함이다. 예를 들어 종교적 박해는 여러 시대에 걸쳐 곳곳에서 일어났고 오늘날에도 어떤 지역에서는 여전히 수그러들지 않고 있다.[9] 이러한 상황 속에서 신앙적 지혜를 나누기 위한 노력은 자칫 분노를 야기함으로써 이해의 가능성을 단절시키고 더 큰 폭력을 불러일으킬 수도 있다. 때로는 지혜가 스스로 다른 이들에게 나눠지기를 원하지 않을 것이다. 그러나 또 다른 경우에는 아무리 강한 반대에 직면하더라도 그 반대자들의 어리석음을 드러내기 위해 용기에 찬 지혜가 우리 귀에 들리도록 부르짖을 것이다.

우리가 지혜를 나눌 때

지혜를 잘 나누는 것은 그것은 선물을 주고받는 것과 비슷하다(7장 참조). 지혜를 잘 주고받으려면 어떻게 해야 하고 또 어떻게 해서는 안 되는지 구체적으로 살펴보기 전에 주목해야 할 특징이 있다. 지혜를 나누는 것은 친구에게 맛있는 식사를 대접하는 것보다는 그를 위해 음악을 연주하는 것과 더 비슷하다. 준비한 음식을 친구가 먹고 나면 그것을 더 이상 소유하지 못한다. 반면 친구에게 음악을 들려준다면 그가 감상한 뒤에도 어떤 의미에서 그것을 계속 소유하고 있는 셈이다. 즉 지혜를 나눌 때도 이와 같이 더 깊이 소유하는 일이 일어난다.[10]

지혜를 잘 나눈다는 의미는 무엇일까? 어떻게 하면 책임 있게 지혜를 나눌 수 있을까? 지혜를 주는 이로서 그리고 받는 이로서 어떻게 행동해야 하는지 살펴보면서 해답을 찾아보자. 교회가 처음 시작되었을 때부터 그리스도인은 신앙을 공개적으로 증언해 왔다. 교회가 성령강림절에 태어났을 때[11] 십자가에 달려 죽으시고 부활하신 예수 그리스도의 제자들은 그분에 관해 세상 곳곳에서 온 사람들에게 그들의 방언으로 이야기했다. 그들은 앞에서 설명한 세 가지 방식, 즉 조언의 작은 조각으로서, 삶의 방법으로서 그리고 예수 그리스도 안에서 인격으로 나타난 것으로서 그들의 신앙의 지혜를 적극적으로 사람들과 나누었다.

그리스도인에게 **증언**은 지혜를 나누는 핵심적인 방법이다. 하지만 증언을 잘한다는 것이 무슨 의미인가? 첫째, 증인은 무엇을 강요하는 **폭군이 아니다**. 역사 속에서 그리스도인은 칼의 힘을 빌리거나 교묘한 말장난을 통해서나 아니면 물질적인 혜택을 주어 유인하는 방법으로 그들의 신앙을 강요하기도 했다.[12] 그러나 기독교 신앙의 핵심은 하나님이 그분 자신을 우리에게 주시고 사람들이 자기 자신을 내어 주는 데에 있으므로 강요는 기독교 기본 성격과 상충된다. 20세기의 위대한 신학자인 카를 바르트(Karl Barth)가 이 문제를 다음과 같이 명확하게 표현한 바 있다. 그는 비그리스도인 그리고 동료 그리스도인과의 관계에서 그리스도를 따르는 사람들의 모습은 마티아스 그뤼네

발트(Matthias Grünewald)의 유명한 그림에 묘사된 세례요한과 같이 십자가 밑에서 한 손을 뻗어 못 박히신 예수 그리스도를 가리키는 것이어야 한다고 말했다.[13] 신앙의 지혜를 강요하기는커녕 무언가를 주는 것처럼 다른 이들에게 전하는 방식이 아니라 그리스도인은 지혜를 가리킬 수만 있다는 것이다. 지혜는 스스로 자신을 선포한다. 그 지혜를 어떤 이는 받아들일 것이고 어떤 이는 거부할 것이다.[14]

둘째, 증인은 물건을 파는 **상인**이 아니다. 경제적인 거래에 휘말려 있는 현대인은 사고파는 활동이 일반적인 문화 속에 살고 있다.[15] 우리는 여러 종교와 각 종교에 담긴 지혜를 사고팔 수 있는 상품으로 여길 때가 빈번하다. 물론 신부나 목사 같은 종교 지도자들이 보수를 받아야 할 이유가 있다. 그렇다고 해서 그들이나 사례를 받지 않는 평신도나 그 누구도 지혜를 파는 상인들은 아니다. 그들이 지혜를 파는 사람들이라면, 선생은 지식을 파는 사람이며 의사는 치유를 파는 사람인가?[16] 지혜를 사고파는 행위는 그 자체로 지혜를 배신하는 것이다. 앞으로 다시 살펴보겠지만 지혜가 근본적으로 선물이라서 그런 것은 아니다. 무언가를 팔고자 하는 이는 상품을 구매자의 입맛에 맞게 변형해서라도 판매하고 싶은 유혹에 빠진다. 이렇게 포장하는 행위는 지혜를 왜곡하고 결국 구매자로 하여금 판매자에게 이용당한 것 같은 기분 나쁜 의심까지 들게 한다. 반면 구매자는 필요에 따라 까다롭게 골라서 구매해도 된다고 생각한다. 이처럼 지혜를 사고팔면 지혜는 사람들의 삶을 변화시키고 형성하기보다 기껏해야 마음속 욕망을 만족시키는 데 쓰일 뿐이다. 이러한 욕망 중 어떤 것도 지혜가 만들어 낸 것이 아니므로 결국 지혜는 그것들에 굴복할 수밖에 없다.

지혜를 상품으로 취급하면 사람들이 원하는 삶의 방식이 아무리 어리석다 한들 그저 마음 내키는 대로 살게끔 도와주는 도구가 되고 만다.[17]

기독교가 지닌 가장 바람직한 전통에 따르면 지혜는 값없이 주어진다. 선지자 이사야는 이렇게 말했다. "오호라, 너희 모든 목마른 자들아, 물로 나아오라. 돈 없는 자도 오라. 너희는 와서 사 먹되, 돈 없이 값없이 와서 포도주와 젖을 사라"(사 55:1). 예수 그리스도도 비슷한 말씀을 하셨다. "수고하고 무거운 짐 진 자들아 다 내게로 오라 내가 너희를 쉬게 하리라"(마 11:28). 기독교의 지혜는 근본적으로 하나님이 값없이 나눠 주시는 것이며 그러므로 다른 사람들에게 값없이 나눠야 한다.[18] 좋은 증인은 지혜를 상품화하는 데 저항할 것이다.

셋째, 증인으로서 그리스도인은 뭔가를 가르치는 **교사**가 아니다. 교사는 자기 삶과 전혀 관계없는 것을 배워 그 지식을 유용한 정보로 다른 사람에게 전수할 수 있다. 예를 들어 삼각법을 가르치는 교사가 그러하다. 반면 그리스도인은 전할 뿐 아니라 행동으로 본받고 삶과 죽음조차 그분께 맡기는 사람이어야 한다. 그리스도인은 그들이 참여하고 있는 삶의 방식을 보여 주면서 증언해야 한다. 따라서 지혜가 그들 **안에 있을수록** 지혜를 더 잘 나누는 사람들이 된다.

넷째, 증인은 단지 **산파**가 아니다. 그리스의 위대한 스승인 소크라테스는 자신의 역할을 산파라고 보았다. 그의 과제는 모든 사람이 이미 품고 있는 지혜를 깨우치는 데 도움을 주는 것이었다. 그의 역할은 지혜를 습득하는 데 부수적이었다.[19] 이러한 관점에 따르면 사람은 내면에 지혜를 갖고 있기 때문에 충분한 깨달음에 이르면 지혜에 이르는 자신의 길을 스스로 찾을 수 있다.

하지만 그리스도와 그를 증거하는 사람들은 그렇지 않다. 그리스도는 사람들의 영혼 속에 숨어 있는 지혜를 찾는 데 도움을 주는 분이 아니라 **그분이 바로 지혜이시다.**[20] 그러므로 그리스도를 따르는 사람들은 그리스도의 증인이다. 그리스도인의 목적은 사람들로 하여금 자신에게 집중되어 있는 관심을 말씀이 육신이 되어 이 세상의 구체적인 시간과 공간 속에서 사셨던 그리스도의 삶과 죽음과 부활에 돌리도록 하는 것이다. 소크라테스가 잊고 있던 내면의 그 무엇을 상기하는 데 도움을 줬다면, 그리스도의 증인은 외부에서 일어난 일이지만 반드시 알아야 하는 일에 관해 이야기해 준다.[21] 그러므로 증인은 자신만이 아니라 증언을 듣는 사람 또한 관심을 돌려서 오로지 참된 지혜이시며 영원한 지혜이신 그리스도에게 집중하게 한다.

지혜를 전달받는 사람들에게

지혜를 나누는 사람은 받는 사람의 진실성을 존중할 때 바르게 전달할 수 있다. 받는 사람들도 받기를 원하는 정도나 능력에 한계가 있을 것이고 이를 존중해야 한다. 그리스도인은 지혜를 나눌 때, 베드로가 첫 편지에서 그리스도인에게 소망의 이유를 묻는 자들에게 어떻게 대답해야 하는지를 가르치면서 말한 방법, 즉 '온유함과 두려운 마음'(벧전 3:15-16)으로 감당해야 한다.

지혜를 조언의 조각으로 다른 이들과 나눌 때에는 그들의 한계를 존중하는 편이 쉽다. 받는 사람들은 지혜로운 조언을 그들의 삶 전체에 대한 이해로 별 어려움 없이 받아들일 수 있기 때문이다. 그런데 문제는 받은 것이 준 사람의 의도와 완전히 다른 맛을 낼 수 있다는 데 있다. 예를 들어 같은 닭고기라도 태국 음식 속에 든 닭고기의 맛과 머스터드소스와 마요네즈에 버무린 샌드위치 속 닭고기의 맛은 다르다. 한 종교의 '요리' 속에 담긴 지혜의 조각은 다른 재료와 섞이면 완전히 다른 맛을 낼 수 있다. 좀더 단순하게 표현하자면, 받는 이들은 감사히 받긴 하겠지만 그것을 자신의 삶 전체에 대한 이해에 적합하게끔 수정하여 적용한다.

받는 이들이 원하는 것을 받고 스스로 적합하다고 생각하는 방식으로 이용할 권리를 허용하는 것은 주는 자가 베풀어야 하는 상대방의 권리에 대한 존중에 포함된다. 하지만 걱정하게 되는 몇 가지 이유가 있다. 급박하게 돌아가며 미디어의 포화 상태에 있는 샐러드 바 같은 문화 속에서는 더욱 더 그렇다. 첫째, 주는 자 역시 가능한 많은 사람에게 지혜를 전하기 위해 그들의 구미에 맞춰 지혜를 희석시킬 수 있다. 둘째, 받는 사람들은 획득한 지혜의 조각을 삶 전체에 대한 이해로 적용하지 않는다. 지혜의 조각들은 자유롭게 둥둥 떠 있다가 필요할 때나 편리하게 쓰이든가 아니면 버려진다. 본래의 의미와 상관없이 선택적으로 적용되는 지혜는 오히려 어리석은 삶을 실행 가능하게 하는 데 기여할 수 있어 지혜의 목적 자체에 부합하지 못한다!

삶의 방식으로 지혜를 나눌 때 상황은 좀더 복잡해진다. 상대방이 받아들이는 데 가장 중요한 한계는 그들의 정체성을 잃는 것에 대한 두려움에서 비롯한다. 왜냐하면 '외부'로부터 너무 많은 지혜를 받아들임으로 자신이 소멸되는 달갑지 않은 결과를 낳는다고 느끼기 때문이다. 사람들은 그리스도를 지혜로 받아들이거나 신앙을 삶의 방식으로 받아들이는 것을 매우 낯설어할 수 있다. 하지만 지혜를 나누는 주제에 관해 글을 쓰고 있는 한 사람의 그리스도인 필자의 입장에서, 기독교적인 삶의 방식을 받아들이는 것은 자신이 본연의 모습으로 돌아가는 것을 **경험할 기회**이며, **대부분의 경우 그러한 경험이 실제로 일어나게 된다**는 사실을 말하지 않을 수 없다.

전통적으로 그리스도인은 그들이 지향하는 최고의 지혜가 다른 사람들에게는 말도 안 되는 어리석음으로 보일 수 있다는 실제적인 가능성을 늘 인정해 왔다. 자신이 헌신하는 것을 찬양하고 다른 사람에게 권력을 행사하는 것을 의심하는 삶의 방식은 어떤 사람들에게는 어리석게 보일 뿐 전혀 지혜롭게 여겨지지 않을 것이다.[22] 또한 예수 그리스도께서 십자가에 죽으심으로 세상을 구원한다는 생각도 그러하다.[23] 처음에는 지혜로 보이지 않을 것이다. 사람들이 그것을 지혜로 인식하려면 어떤 연관성이 있어야 한다. 에스겔이 말했듯이 볼 수 있는 눈이 있어야 하고 들을 수 있는 귀가 있어야 한다(겔 12:1-2).[24] 이것이 기독교 전통의 주요 흐름에서 성령께서 필요한 여건을 만들어 주셔야만 사람들이 지혜를 받아들일 수 있다고 말하는 이유다.[25]

주는 것과 받는 것, 이 두 가지 중요한 측면에서 지혜를 나누는 데 가장 중요한 일을 하는 이가 그리스도인 자신이 아니라는 데 주목해야 한다. 궁극적으로 그들은 지혜를 나눠 줄 수 없다. 그리스도께서 지혜를 나눠 주셔야 한다. 궁극적으로 그리스도인은 다른 사람들로 하여금 지혜를 받아들이게 할 수 없다. 성령께서 사람들의 눈을 열어 주셔야 한다. 그리스도인이 할 수 있는 최상의 일은 지혜를 나누는 통로가 되는 것이다. 사도행전은 그리스도를 따르는 구원의 도(道)로 처음으로 개종하는 사건을 보도할 때 이런 기본 개념을 분명하게 표현했다. 제자들이 그들의 설교를 통해 사람들을 개종시킨 것이 아니라 하나님이 사람들을 교회에 더하여 주신 것이다(행 2:47).

우리가 받는 이가 될 때

신앙 전통의 지혜를 나누면서 잊어서는 안 되는 것은 받는 이들도 역시 나눌 수 있는 사람들이라는 것이며 그들이 단지 수동적으로 받아들이는 사람들이 아니라는 사실이다. 우리도 받는 자가 될 수 있다는 가능성을 인정하고 받는 이들을 존중해야 한다. 하지만 많은 신앙인이 다른 종교를 믿는 사람들로부터 받아들일 만한 중요한 것이 있다고 잘 생각하지 못한다. 그들이 믿고자 하는 것은 '유일한' 진리이고 그것이 유익한 삶의 방식이라고 이미 결론을 내리고 있다. 많은 그리스도인도 이런 관점을 견지한다. 하지만 요한의 복음서는 그리스도가 '길이요 진리요 생명'이라고 명확하게 말하고 있지 않은가?(요 14:6) 그리고 골로새 교회에게 보내는 편지에 사도 바울이 그리스도 안에 '모든 지혜와 지식의 보화가 감추어져 있다'고 말하지 않았는가?(골 2:3) 그런데도 그리스도인이 다른 사람들로부터 받아야 할 만한 중요한 가치가 있는 지혜가 있을 수 있다는 말인가?

이 질문은 다른 사람으로부터 지혜를 받는 것이 불가능하다고 암시하는 것같이 들린다. 하지만 그리스도인은 이미 다른 사람으로부터 지혜를 받아 오지 않았는가? 그리스도인이 과거에 다른 이들로부터 지혜를 받았으며 지금도 그렇게 하고 있다는 사실을 증명하기란 그다지 어렵지 않다. 먼 과거로부터 두 가지 예를 보여 주는 것으로 충분하다. 첫째, 기독교는 유대교로부터 영적 보화들을 받아들여 자신의 것으로 만들었다. 사소한 수정을 통해 히브리인의 성서는 기독교의 구약성서가 되어 초대교회의 성서로서 한 부분을 이루는 책이 되었다. 둘째, 기독교의 역사 초기에 헬라어와 헬라 문화를 만남으로써-비록 대부분 의도된 것은 아니었다 해도-기독교는 헬라의 지혜를 받아들일 수밖에 없었다.[26]

고대 그리스철학 전통으로부터 풍요로운 신앙의 언어가 그리스도인의 신학과 일상적인 예전(禮典) 속으로 들어왔다. 물론 적응 과정에서 주요한 철학 용어가 부분적으로 변용되기도 했다.[27] 그러나 더 넓은 흐름에서 보면 고대 그리스 문화와의 만남 이후에도 기독교 신앙의 복음이 다른 언어로 번역되고 다른 문화적 환경에 뿌리를 내릴 때 새로운 지혜를 받아들여 왔다.[28]

그렇다면 모든 지혜가 예수 그리스도 안에 있고 예수 그리스도로부터 모든 지혜가 세상으로 퍼지게 된다고 여기는 그리스도인이 타인으로부터 지혜를 받을 수 있는 것인가? 이 질문에 대한 답이 함의하고 있는 바를 온전히 이해하기란 쉽지 않고 모든 사람에게 분명하게 드러나는 것은 아니지만 답 자체는 간단하다. 예수 그리스도는 말씀이 육신이 되신 것, 바로 지혜 그 자체이시며 예수 그리스도를 통해서 "만물이 존재하게 되었고" 예수 그리스도가 "모든 사람들의 빛이다." 이 두 문장은 요한복음의 서문에 나오는 신약성서에서 가장 중요한 말씀이다(요 1:3-4). 요한복음의 이러한 내용을 반영하여 초대교회의 교부인 순교자 유스티누스(Justin Martyr)는 그리스철학을 '말씀의 한 부분' 그리고 '진리의 씨앗'이라고 표현했다.[29] 모든 빛은 어디에 비춰든 말씀의 빛이요, 예수 그리스도의 빛이다. 모든 지혜는 누가 그것을 말하든지 예수 그리스도의 지혜다. 만약 **만물**이 예수 그리스도 안에서 육신이 되신 말씀을 통하여 시작되었고 존재하고 있다면 이런 결론이 달라질 수 없다. 물론 여기에는 '만약'이라는 논리적 전제가 있고 비그리스도인은 이런 점을 받아들이기 꺼릴 수 있다. 하지만 여기서 초점은 그리스도인의 입장이지 비그리스도인이 보는 관점에서의 타당성이 아니다. '예수 그리스도를 통해 모든 것이 존재하게 되었다'는 조건을 받아들이면 '모든 지혜가 그리스도의 지혜다'라는 결론은 피할 수 없다.

그리스도인에게 예수 그리스도가 계시는데 아무리 다른 사람들이 지혜의 '씨앗'을 갖고 있다 해도 그들로부터 받을 것이 뭐가 있겠는가라고 반문할 수도 있다. 첫째, 지혜이신 예수 그리스도에게는 그를 따르는 자들이 헤아릴 수 없는 깊이와 넓이가 있다. 좀 추상적으로 표현하자면 믿음의 대상이신 하나님이 접근할 수 없는 빛에 계시므로 가장 깊은 깨달음을 얻은 사람이라 할지라도 그들의 의식과 삶의 현실 속에 온전하게 나타나실 수 없다. 그것이 인간은 유한한 존재이고 하나님은 무한한 분이기 때문만은 아니다. 그보다 인간은 모두 자신의 필요와 성향에 의해 이끌리고 그들이 살아가는 특정한 상황에 의해 형성되기 때문이다. 둘째, 다른 사람과 같이 그리스도인도 그들이 살아가는 시간의 흐름 속에서 늘 새로운 도전을 받는다. 그러다 보니 때로는 방향을 잃기도 하고 새로운 상황 속에서 그리스도의 지혜를 어떻게 적용해야 할지, 늘 새로워지는 매 순간 바로 이곳에서 어떻게 하면 지혜로울 수 있을지 명확하게 판단을 내리지 못하기도 한다. 실제로는 어리석은 짓을 하면서도 지혜로운 일이라고 착각할 때도 있을 것이다. 그래서 폴 틸리히(Paul Tillich)가 말한 '예언의 역전'(reverse prophetism)[30]이 꼭 필요할 때가 있다. 그리스도인도 때로는 외부로부터 그들의 신념과 관행을 흔들어 놓을 예언적 자극과 도전을 받을 수 있다. 아니, 그런 도전을 받아야 한다. 그렇게 함으로써 그들이 갖고 있는 지혜에 좀더 일치하게 순간순간을 살아갈 수 있다.[31]

 '말씀 자체'와 '말씀의 단편'의 관계가 시사하는 바와 같이 그리스도인이 외부로부터 받는 지혜는 그리스도를 규명하는 성서의 내러티브와 공명해야 한다. 이 세상에 함께 존재하는 다양한 내러티브 중에서 어떤 것들이 무궁무진한 의미의 보고(寶庫)인 성서의 내러티브와 공명하며 함께 병존할 수 있는지가 그리스도인에게 무엇이 진리이고 무엇이 진리가 아닌지, 무엇을 받아들이고 무엇을 받아들이지 말아야 하는지를 구별하는 기준이 된다. 이러한 성서의 내러티브를 믿을 만한 것이 아니라고 생각할 수 있고 이러한 기준을 진지하게 받아들이는 것을 어리석은 일이라고 볼 수도 있다. 이런 결론에 도달하는 사람들은 자이나교라든지 아니면 니체의 철학 같은 다른 삶의 방식을 선택하거나 아니면 마치 샐러드 바에 가듯 마음에 드는 것만을 골라 담고 나머지는 상관하지 않는 방식으로 삶의 모든 것을 대하기 위해 기독교 신앙을 버린 것이다.

지혜의 나눔: 사랑과 용서

내가 이 장의 본론으로 제시한 생각을 다시 말하자면 지혜의 나눔은 이웃 사랑의 실천이다.

지혜를 나눌 때 우리는 주고받게 되는데, 그것은 사랑 속에서 이루어져야 한다. 지혜이신 예수 그리스도는 인간을 향한 하나님의 사랑이 실현된 것이다. 그는 '율법과 선지자' 그리고 '사랑에 대한 명령'을 다음의 황금률로 요약하셨다. "그러므로 무엇이든지, 남에게 대접을 받고자 하는 대로, 너희도 남을 대접하라. 이것이 율법이요 선지자니라"(마 7:12). 여기서 '무엇이든지'에는 지혜의 나눔이 포함되어 있다. 이웃에 대한 사랑으로 지혜가 어떻게 나누어져야 하는지를 정의한다는 것은 지혜를 나누는 행위가 나누고자 하는 지혜의 내용과 조화되어야 함을 뜻한다.[32]

하지만 앞에서 말했듯이 여러 세기에 걸쳐 그리스도인은 지혜를 나눌 때에 그들이 상속한 지혜가 요구하는 바에 완전히 반대되는 방식을 사용하기도 했다. 기만적이고 고압적이며 때로는 잔인한 방법을 사용한 것이다. 그리스도인 또한 다른 사람들로부터 지혜를 강요당하여 큰 고통을 받았다.[33] 지난 한 세기 동안 그리스도인이 신앙 때문에 박해를 당하고 죽임을 당한 사례가 교회 역사상 그 어느 때보다 많았다고 하는 주장은 과장된 것일 수 있지만[34] 구소련 시절 레닌과 스탈린의 통치 아래에서 그리고 마오쩌둥이 지배한 중국에서 수많은 그리스도인이 야만적으로 박해받았다.[35]

그리스도인과 비그리스도인이 자행한 바와 같이 서로에게 깊은 상처를 줄 때, 용서와 회개가 필요하다. 이것이 그리스도인의 지혜가 가르치는 바다. 용서하라는 명령을 기독교가 전하는 지혜의 한 '조각'이라고 여길 수도 있지만, 그 명령은 그보다 훨씬 더 중요하다. 이것은 인격화된 지혜이신 예수 그리스도가 어떤 분인지를 결정적으로 나타내는 것이며 그리스도인의 삶의 방식을 지탱하는 가장 중요한 기둥이다.[36]

이제 용서의 핵심 요소를 간략하게 언급하고 그리스도인과 타 종교인들이 지혜를 제대로 나누지 못할 때 벌어지는 잘못을 관련지어 말해 보겠다. 용서는 선물과 같다. 우리가 주는 선물을 다른 사람이 받아야 선물이 되듯이 용서도 마찬가지다. 우리는 회개함으로써 용서받는다. 회개는 우리가 다른 사람들을 불쾌하게 한 일을 하나하나 잘못된 것으로 인정하는 것이고 우리가 가한 상처에 대해 탄식하며 우리가 살아온 방식을 고치고자 하는 결단이다. 그리스도인은 과거에 지혜를 나눠 온 방식을 정직하게 돌아보고 밝은 빛 가운데 비춰 봐서 교황 요한 바오로 2세가 말했듯이 기억을 정화하고[37] 필요하다면 잘못을 인정하고 잘못된 방식을 고쳐야 한다. 비그리스도인도 그렇게 하는 편이 좋을 것이다. 그러나 서로 잘못했을 때 기독교의 지혜는 우리의 회개가 상대방의 회개와 무관하다고 말한다. 우리가 서로에게 상처를 줬다면 상대가 회개를 하든지 안 하든지 나는 반드시 회개해야 한다.

더 근본적으로 말하자면 기독교의 지혜는 회개만이 아니라 용서 역시 잘못한 자의 회개 여부와 상관없다고 가르친다. 이러한 생각은 다른 전통들이 기독교의 전통으로부터 받아들이고자 하고, 실제로 받아들일 수 있는 한계를 넘는 것이다. 인간들은 그들의 회개와 상관없이 그리스도를 통해 하나님과 화해되었다. 사도 바울은 "그리스도께서 경건하지 않은 자를 위하여 죽으셨도다"라고 말한다(롬 5:6). 경건하지 않은 **모든** 사람을 위해 돌아가신 것이다. 그러므로 그리스도를 따르는 사람들은 잘못한 사람의 회개가 없어도 용서할 수 있어야 한다. 우리는 용서라는 선물을 회개에 대한 보상으로 주는 것이 아니다. 우리는 이 선물이 잘못한 사람을 도와서 회개함으로 그 선물을 받기를 소망하는 마음으로 주는 것이다. 용서와 지혜의 나눔은 바로 이 측면에서 같다. 둘 다 선물을 주는 행위다. 선물을 주는 사람은 늘 먼저 행동한다. 그리고 나서 상대방이 그 선물을 기꺼이 받을지 기대하며 기다린다.

왜 용서가 회개보다 먼저일까? 용서를 하는 목적은 단지 용서하는 사람의 심리적 부담을 덜기 위해서가 아니다. 갈등을 흩어 버리기 위해서도 아니다. 가해자를 선한 삶으로 돌이키기 위함이며 궁극적으로 가해자와 피해자 교제(communion)를 회복하기 위해서다. 마르틴 루터는 다음과 같이 말했다.

그리스도를 따르는 사람들은 자신의 피해나 자신에게 가해진 공격에 대해서보다는 가해자의 죄에 대해 더 슬퍼한다. 그리고 가해자가 죄로부터 벗어나기를 바라고 고통을 당했다고 해서 그에게 복수하려고 하지 않는다. 그리하여 자기 자신의 의로움을 벗어 버리고 다른 사람들의 의로움을 입고 자신을 박해하는 자를 위해 기도하고, 저주하는 이를 축복하고 악을 행하는 자에게 선을 베풀며 자신의 적을 구원하기 위해 벌을 대신 받

아 하나님의 의로우심을 만족시킬 준비를 한다. 이것이 그리스도의 복음이고 모범이다.[38]

지혜를 나누는 과정에서, 아니 더 일반적으로 다른 사람과의 관계에서 잘못된 일을 당했을 때 그리스도인은 용서해야 한다. 용서하는 것은 두 가지의 행동을 동시에 하는 것이다. 첫째, 그들이 당한 잘못된 일을 잘못이라고 분명히 말하는 것이다. 용서는 잘못을 부인한다든지 눈감아 주는 것이 아니라 그것을 정죄하는 것이다. 정죄 없이는 용서가 이루어질 수 없다. 그러나 정죄가 용서의 필수적인 전제라 해도 용서의 본질이 정죄가 될 수는 없다. 둘째, 용서는 잘못한 일이 가해자에게 불리하게 여겨지지 않게 하는 것이 아니다. 벌을 받아 마땅하다. 그러나 그 대신 은혜를 받게 되는 것이다.

용서는 기독교가 지닌 지혜의 핵심이다. 그러므로 위에서 인용한 마르틴 루터의 글이 적절하게 표현한 것같이 그리스도인이 용서하기를 거부하는 것은 단순히 지혜가 나누어지는 통로에서 막힌 곳을 수리하지 못하는 것이 아니라 지혜 자체에 모순되는 것이다. 용서는 지혜를 나누는 것이며 아마도 가장 효과적으로 지혜를 나누는 방법 중 하나일 것이다.

지혜의 나눔: 거대한 갈등, 보잘것없는 희망

끝으로 거대한 갈등과 보잘것없는 희망에 대한 이야기로 돌아가 보자. 어떻게 하면 지혜를 나누어서 종교적인 갈등을 악화시키지 않고 평화를 유지하고 더 발전시킬 수 있을까? 우리는 지혜가 사람들의 삶에 자리 잡게 되는 것을 '돕기 위해' 사람들을 기만하고 강압해서 지혜를 받아들이게 해서는 안 된다. 마찬가지로 우리는 지혜를 나눠 주기만 할 뿐 다른 이들로부터 받을 것이 없다는 오만한 유혹도 뿌리쳐야 한다. 우리는 예상한 지혜의 근원만이 아니라 예상치 못한 근원에서도 지혜를 받으며 살아가고 있다. 이런 잘못된 경향에 굴복하는 것은 더 큰 갈등을 일으키고 신앙이 문제를 해결할 수 있게끔 토양을 준비하지 못하게 한다. 기독교적 관점에서 볼 때 지혜를 나누고자 하는 우리의 모든 노력은 지혜가 우리의 삶을 형성하게 하는 데 중점을 두어야 한다. 그리하여 우리는 지혜를 통해 기꺼이 회개하고 용서하는 삶을 살아야 하며 지혜가 매력적이고 합당하고 유용한 것임을 우리의 삶을 통해 드러내야 한다. 다른 사람이 지혜를 받아들여야 한다고 생각한다면, 지혜 자체가 다른 사람들로부터 받아들여질 만한 것임을 신뢰해야 한다. 이렇게 하여 우리는 지혜를 나누는 자로서 지혜가 가진 권능과 지혜를 받을 사람들의 진실성을 존중하는 것이다.

　어떻게 지혜를 나누어야 보잘것없는 희망을 공급하는 대신 사람들로 하여금 크고 작은 공동체와 의미 있게 연합되고 더 나아가 우주의 근원과 목표와 연결되도록 도울 수 있을까? 우리는 신앙의 지혜를 입맛에 맞고 먹기 쉬운 지혜의 '조각'으로 '포장'하여 사람들이 만족스러운 삶을 살아가려는 계획 속에 삽입하여 적용하려는 유혹에 저항해야 한다. 이러한 유혹은 세계화의 과정에 크게 영향을 받아 형성된 문화에서 흔히 볼 수 있다. 지혜를 나누려다가 이러한 유혹에 빠진다면 그것은 어리석은 결과다. 기독교의 관점에서 볼 때 신앙의 지혜를 나누는 것은, 지혜를 통해 여러 방식으로 나타나는 자아도취에 주는 자와 받는 자가 저항하게 될 때, 그리고 지혜를 통해 우리가 하나님과 이웃이라는 궁극적인 가치에 연결될 때에 비로소 의미 있게 되는 것이다.

7장
공적 참여

번성하는 종교들

종교는 항상 번성했고 또 여러모로 볼 때 가까운 미래에도 계속 그럴 것이다. 하지만 앞에서 본 바와 같이 근대 유럽의 여러 위대한 인물은 이런 상황을 예측하지 못했다. 마르크스주의자들이 공산주의 사회에서 국가가 사라진다고 하는 주장을 기술하는 데 공통적으로 사용했던 표현을 빌려 말하자면[1] 그들은 이러저러한 방식으로 종교가 '시들어 버릴 것이라'고 보았다. 이들은 종교를 비이성적이라고 생각했고 동이 트면 어둠이 사라지듯이 이성(理性) 앞에서 의미를 잃고 만다고 믿었다.[2] 종교는 뜬구름 같아서 근본적으로 무엇을 만들어 내거나 설명하지도 못하며 오히려 인간의 빈곤, 나약함, 억압 같은 것들이 종교를 만들어 내고 또 설명해 줄 수 있다고 생각했다.[3] 일단 사람들이 지식과 기술로 무장하고 자신의 운명을 스스로 해결하려고 나서면 종교는 설 자리가 없게 된다는 것이다. 이것이 종교적 믿음과 관습이 지속되는 문제에 관한 소위 세속화론 혹은 세속화론의 한 부분의 기본적 내용에 대한 대략적인 설명이다.

하지만 세속화론은 잘못되었음이 입증되었다. 아니, 서구의 역사 가운데 특정한 시기에 존재한 국한된 사회에서만 그것도 부분적으로 맞는다고 입증되었다. 이러한 사회에서조차 종교는 사라져 버린 것이 아니고 한 세기 전에 비해 그 영향력이 줄어들었을 뿐이다. 세속화론자들의 기대와 달리 그 밖의 지역은 서유럽의 양상을 따르고 있지 않은 것으로 보인다.[4] 찰스 테일러가 올바르게 지적한 대로 우리는 유럽에서 시작하여 세속화론을 동반하고 타 지역으로 전파되는 단선적인 근대화의 예를 찾아 볼 수 없다. 서구적 방식 말고도 근대화의 길은 많이 열려 있다. 사무엘 아이젠슈타트(Shmuel Eisenstadt)의 뒤를 이어[5] 테일러도 '다양한 근대성'을 이야기한다.[6] 이 다양한 근대화의 길 가운데 경제성장, 기술발전 그리고 지식의 증대와 전파 같은 현상이 번성하는 종교와 편안하게 공존하고 있는 것이다.

세계적으로 가장 빠르게 발전하는 궁극적 인생관(overarching perspective of life)은 결코 세속적 휴머니즘이 아니다. 반세기 전에 세속적 휴머니즘이 다가오는 미래의 조류로 보였다면 이는 소련이나 동유럽, 중국 그리고 일부 동남아 국가의 경우처럼 권위주의나 전체주의 정부가 위로부터 강요한 것이기 때문이다. 그런 곳에서 세속적 휴머니즘은 본래 상정된 모습의 패러디처럼 기능하는데, 무지로부터의 자유니 속박으로부터의 자유니 하는 이름으로 역사상 일찍이 보지 못했던 엄청난 규모의 억압을 정당화하기 위해 어떤 의문도 허용하지 않는 사상으로 강요되고 있다.

실제로 오늘날 가장 빠르게 자라나고 있는 세계관은 종교적 세계관, 즉 이슬람과 기독교다.[7] 대체로 이런 종교는 위로부터 강요되어서가 아니라 신앙을 전파하려는 열정의 물결과 그것을 받아들이려는 목마름으로 인해 퍼져 나가고 있다. 기독교의 전파, 다시 말해서 기독교가 개인의 회심을 통해 20억 신자를 가진 비서구 지역의 중심 종교가 된 것은 국가권력이나 경제력, 미디어나 지식 엘리트의 힘과 무관하다. 세계 기독교를 연구하는 전문가들은 평범한 그리스도인 대중이 바로 그들 신앙의 주된 전파자들이라는 데 의견이 일치한다.[8]

여기서 기독교와 이슬람을 함께 언급하는 이유는 세계가 단순히 한 종교가 번성하는 공간이 아니고 '다양한' 종교의 공간이기 때문이다. 이처럼 빠르게 성장하는 종교 외에 다수의 상대적으로 작은 종교 또한 불교의 경우처럼 계속 번창하고 있다. 이뿐 아니라 기독교와 이슬람 세계 안에서도 다양하고 때로는 상충하기까지 하는 여러 신앙 운동이 벌어지기도 한다. 다양한 형태를 띤 세속적 휴머니즘도 궁극적 인생관을 구성한다는 점에서 종교와 공통된 성격이 있고, 특히 마르크스주의처럼 큰 영향력을 가진 경우에는 세계의 종교적 다양성의 한 모습을 보여 준다.

종교적 다양성

종교와 관련하여 서구 사회에서 중요한 사회 변화가 진행 중이다. 최근까지 서구 사회는 상대적으로 단일 종교 사회였다. 수세기 동안 기독교가 압도적으로 주류였다. 물론 유대교도가 비록 소수이나 중요한 역할을 하면서 기독교와 공개적으로 때로는 치명적인 적대 관계(나치 독일의 경우)를 유지하기도 하고 제2차 세계대전 후 미국에서처럼 관용과 우호의 관계하에 있기도 했다. 그리고 수세기 동안 서구의 기독교는 분열되어 있었고 사회학의 표현을 빌려 말하자면 내부적으로 다양화되었다. 가톨릭, 개신교, 루터교, 개혁교회, 재세례파, 성공회, 감리교, 침례교, 오순절교회 그리고 제칠일안식교가 공존하면서 신도 수와 사회적 영향력을 두고 경쟁을 벌였다. 하지만 유대교를 제외하고는 공통된 종교 문화가 이들을 한데 묶어 놓았다.

그런데 천천히 그리고 지속적으로 이러한 종교 문화의 공통성이 줄어들고 있다. 미국의 경우 서구의 여타 지역과 다르게 이 나라는 견고한 기독교 사회를 유지해 왔고 기독교가 여전히 압도적 우위에 있기는 하지만 타 종교도 상당한 존재감을 과시한다. 520만의 유대교도와 3,600만의 무종교 인구 외에 미국에는 약 205만의 무슬림, 210만으로 추정되는 불교도, 120만의 힌두교도가 있고 이외에도 여러 종교인이 존재한다.[9] 유럽에서도 비기독교 인구 특히 무슬림이 증가하고 있다. 서구 세계에서 가까운 장래에 기독교 외의 종교들이 절대적·상대적 비중을 계속 늘리게 될 것이다.

이러한 수는 이들 종교의 활력의 지표로서만 중요한 것이 아니라 그들의 잠재적인 정치적 영향력의 지표로서 주목을 끈다. 예를 들어 무슬림은 특히 유럽에서 중요한 정치집단이 될 수 있을 만큼 수가 늘어났다.[10] 이슬람과 그 밖의 다른 종교집단은 사회가 그들의 목소리에 귀 기울이고 자신들의 이익을 심각하게 고려하도록 할 만한 사회적 힘과 의지를 갖췄다. 서구 사회가 종교 다원적인 공간이 됨에 따라 종교에 기반을 둔 다양한 세력과 인물이 등장하게 되었다.

여러 직장에서 커져 가는 종교적 다원성(religious plurality)의 중요성을 잘 관찰할 수 있다. 직장은 종교적 다양성에 관한 한 그 사회 문화의 축소판이다. 여기서 직장인들의 각기 다른 종교가 드러날 뿐 아니라 그들은 자신들의 종교적 관심사를 사무실이나 공장 안으로 가지고 들어오고 싶어 한다. 이전엔 종업원들이 옷걸이에 겉옷을 걸어 놓고 일터로 들어가듯이 종교적 색채를 벗어 두고 일했다. 집에서 그들의 종교는 중요한 것이었지만 일터에서는 사소한 문제였다. 그러나 이제 사정이 달라졌다. 많은 사람이 종교가 일을 포함한 삶의 모든 측면에 관련된다고 생각한다. 실제로 어떤 사람들은 종교에 헌신적이기 때문에 일터에서도 탁월한 직원이 된다.[11] 하지만 종교가 사무실이나 공장 안으로 들어오도록 허용된다면 결국 많은 종교가 들어오게 되어 일터에 다양한 신자가 존재하게 될 테고, 이때 직장이라는 공간을 어떻게 모든 종교에 평등하게 설정해야 하는가 하는 흥미로운 문제에 직면하게 된다. 직장에서의 종교 다양성은 인종적·성적 다양성에 견줄 만한 중요한 문제를 야기한다.

서구 국가들에서의 종교 다양성의 문제는 전 세계의 종교 다양성을 점점 더 많이 반영한다. 각 나라에서 나타나는 종교 다양성은 서구만의 특유한 현상이 아니다. 오히려 이 문제는 서구에 뒤늦게 찾아왔다. 비서구권 국가 중 인도는 여러 세기를 종교 다원주의 아래에서 보냈다.[12] 다른 나라들도 기독교와 이슬람 등 여러 종교가 들어와 신도 수를 확대하고 사회적 역량과 정치적 영향력을 키우고자 경쟁하며 더욱 다원화될 것이다. 세계적으로 또 국가적으로 종교 다양성은 계속 중요한 과제가 될 것이다. 근대화론자들이 품었던 세속 세계에 대한 동경은 '기독교적인 유럽'[13]이나 '기독교적인 미국'[14]에 대한 기대와 마찬가지로 반드시 깨지게 될 것이다. 그러한 향수는 이뤄질 수 없는 기대에 그치고 말 것이기 때문이다.

자유민주주의에서의 종교

'보수주의자'와 '진보주의자'가 다 같이 추구하는 정치적 과제인 자유민주주의는 서구에서는 하나의 정치체제 안에 다양한 종교적 인생관을 수용하려는 시도 속에서 등장했다. 이는 정치 참여권이 평등한 목소리가 보장된 성인 시민에게 궁극적으로 부여되어 있다는 점에서 민주주의다. 또한 이는 (1) 자신의 해석이 어떠하든지 각 사람의 인생관에 따라 살아갈 자유와 (2) 개인의 인생관에 대한 국가의 중립성을 두 가지 기본 개념으로 하고 법 앞에 평등한 보호를 보장한다는 점에서 자유주의다.

    니콜라스 월터스토프는 "정치 문제에 관한 결정과 논의에 있어서의 종교의 역할"(The Role of Religion in Decision and Discussion on Political Issues)이라는 논문에서 자유민주주의의 전반적인 특징을 지적했다. 정치 문제에 관한 논의와 결정 과정에서 시민은 '적극적 계시'[15]라고 불리는 분명한 신적 계시로 얻은 자신의 종교적 신념에 따라 입장을 정립하지 않는다.

    "그 대신 사람들은 그러한 경우에 자신의 종교적 신념을 잠시 내려놓는다. 그들은 공적 공간에서 정치적 결정과 정치적 논의를 할 때 그 사회 속의 어떠한 종교적 견해로부터도 **독립된** 자료로부터 도출된 원칙에 따르려 한다."[16]

월터스토프는 또한 공공의 문제에 관해 종교적 신념을 적용하지 않으려 하는 사람들은 모든 종교에 대한 국가의 중립성에 대해서도 **정교분리** 즉 유명한 '분리의 벽' 이론을 가지고 해석하는 경우가 빈번하다고 지적한다.[17]

그러나 많은 종교인은 공적 사안을 두고 고민할 때 이를 종교적 신념에 따라 필수라고 생각하여 토라, 신구약 성서 그리고 코란을 의지한다. 사람들이 공적 논의와 결정 과정에 종교적 이유를 적용할 수 없다면 어떻게 자기들이 옳다고 생각하는 방식으로 인생을 살아갈 수 있겠는가? 이들에게 이런 식의 자유주의는 자유주의가 아니다. 이러한 자유주의는 자신이 택한 신앙이 시키는 대로 살지 못하도록 방해하는 것이다.[18]

종교가 대중의 광장을 떠나거나 광장에서 밀려나도 광장은 비어 있지 않다. 그곳은 곧 세속주의라고 불리는 보편적 현상으로 채워진다. 오늘날 서구 세계에서 세속주의는 지난 세기의 소련과 달리 엄밀히 말해서 하나의 이념이 아니고 한 묶음의 연관된 가치들과 진리 주장들인데 이는 부분적으로 전통에서 이어받은 것과 시장에서 생성된 것 그리고 자연과학으로부터 뽑아낸 것들로 구성된다. 시장은 개인의 선호를 최고의 가치로 올려놓으며 과학적 사고는 세계 내의 인과관계에 의한 설명만이 유일한 진리라고 말한다. 종교가 광장을 떠나면 이러한 세속주의가 궁극적(overarching) 관점의 자리를 차지하게 된다. 여기서 나의 입장은 세속주의를 받아들일 수 없다거나 존중할 수 없다는 것이 아니다. 오히려 종교적 이성을 공적 결정 과정에서 배제하고 정교분리를 철저히 시행할 때 세속주의는 가장 중요한 관점으로 **선호되며** 이는 신앙인들에게 아주 불공평하다는 것이다.

하나의 대안으로서 월터스토프는 '사회적 협의'(consocial)라고 부르는 자유민주주의의 형태를 제안한다. 여기에는 두 가지 특성이 있는데 첫째, "독립적인 자료 찾기를 거부하고 종교적 이유의 적용을 제한하지 않는다. 둘째, 중립성의 요구 즉 국가가 종교적 견해나 다른 포괄적인 견해에 중립을 견지해야 한다는 것은 **분리**의 원칙 대신에 **불편부당**을 요구하는 것이라고 해석한다."[19] "사회적 협의의 입장을 받아들이는 사람들에게 이 두 가지 특성의 공통점은 시민에게 종교 유무를 불문하고 자신이 합당하다고 생각하는 방식으로 살아갈 자유를 최대한 부여해야 한다는 생각이다"라고 월터스토프는 말한다.[20]

이 두 가지 주제를 결합하는 또 하나의 논리는 '다수 공동체의 공존의 정치'(politics of multiple community)에 대한 지지다.[21] 공적인 토론에서 종교적 이유를 배제하고 교회와 국가의 분리를 주장하는 자유주의자는 '공통의 관점을 가진 공동체의 정치'[22]에 집착한다. 그러나 서구 국가들은 그러한 공동체 시대를 벗어났다. 이 국가들은 이제 다수의 종교와 다양한 인생관을 수용하는 사람들로 구성된 공동체다. 자유주의 정치체제하에서 이러한 사람들은 자신의 목소리로 광장에서 말할 수 있는 권리를 인정받아야 한다.

종교적 공동체들은 그러면 공공장소에서 모두가 자신들의 종교적 목소리를 내어 다른 주장을 펴고 국가는 모든 공동체를 공정하게 대하는 그런 정치체제를 지지할 것인가? 나는 다른 곳에서 아브라함계 신앙들의 유일신 사상이 사실은 월터스토프가 이해하는 바의 자유민주주의가 대표하는 다원적 정치체제를 선호한다는 주장을 편 바 있다. 그러한 내 주장의 골자는 아래와 같다.

1. 신은 한 분뿐이시므로 모든 사람이 평등하게 신과 관계를 맺고 있다.
2. 유일하신 신이 중심적으로 명하시는 것은 이웃을 사랑하라는 것이고 이는 황금률에서 표현된 대로 네가 받고자 하는 대로 남을 대접하라는 것이다.
3. 우리가 인정하고 싶지 않은 타인의 권리를 우리와 우리가 소속된 집단을 위해 주장하지 못한다.
4. 내면적으로나 외적 행동에 있어서나 종교는 강요될 수 없다.[23]

만일 당신이 이 네 가지 사항을 받아들인다면 당신은 다원주의를 정치적 과제로서 지지해야 할 충분한 이유가 있다.

그런데 종교 공동체들이 실제로 이러한 정치적 과제를 포용할 수 있을 것인가? 여기에는 여러 요인이 걸려 있다. 소수집단인 경우 자신들의 목소리가 인정받는 것에 존망이 달려 있으므로 누구보다도 기꺼이 다원주의를 수용할 것이다. 절대다수의 위치에 있는 종교 공동체의 경우 그들의 특권적 지위를 유지하고자 할 때에는 다원주의 체제에 반대할 것이다. 그러나 그 집단이 신학적·도덕적 신념이 지시하는 것을 기꺼이 따르고자 할 때 다원주의를 정치적 과제로 포용할 것이다. 그리고 종교 공동체가 고도로 세속화되지 않는 한 대부분의 공동체는 자신들의 인생관에 맞지 않는 세속적인 체제보다는 다원적 체제를 더 지지할 것이다. 확실히 어떤 종교들은 국가의 지원을 받기 위해 노력할 것이다. 그러나 그렇게 하더라도 그들은 원칙적으로 오늘날의 세속주의와 다른 지위를 다원적 체제 속에서 갖지 않을 것이고 또 '사회적 협의'하에 지속될 세속주의와도 다른 대접을 받지 않을 것이다. 다원적 체제에서는 어느 특정한 인생관에 다른 것보다 특혜를 주는 데 법적 제약이 있을 것이며 모든 참가자가 공정성과 불편부당이라는 도덕적 요구에 직면하게 될 것이다.

공공 생활에서 특정 종교의 신념을 배제하기 바라는 자유민주주의는 17세기 유럽의 종교전쟁 후에 등장했다. 인생에 대한 상이한 관점이 부분적으로 싸움의 원인이 되기도 했기에 싸움의 원인을 제거하기 위해 자유민주주의자들은 특정 종교관을 옹호하는 사람들의 입장이 더 이상 공적 대면에 나타나서는 안 된다고 말했다. 그러나 우리가 월터스토프가 제안한 대로, 여러 공동체가 공존하는 정치체제 안에 살면서 그들의 종교적 관점을 쟁론의 테이블에 올린다면 폭력적 대결을 피할 수 있을까? 이러한 조건 아래서 종교 갈등, 종교전쟁을 피할 방법이 과연 있겠는가?

공통의 핵심이 없다

특정한 종교관 때문에 야기되는 충돌을 방지하기 위한 한 가지 방법은 모든 종교가 근본적으로는 똑같다는 점을 상기하는 것이다. 표면

상으로는 종교 간의 차이가 분명해 보인다. 즉 복식이 다르고 교리에도 신비한 차이점이 있다. 그러나 이런 차이점들은 껍데기일 뿐 알맹이는 같다. 동일한 기본적인 내용을 전하기 위해 특정한 문화에 맞게 조절된 매체들일 뿐이다. 옛 이슬람 현자는 종교 간의 관계를 "등은 달라도 빛은 똑같다"고 시적으로 표현했다.[24] 오늘날 이 같은 생각을 지지하는 사람들은 이런 입장을 '다원주의'라고 부른다.[25]

종교 간의 관계에 관한 다원주의적 해석은 자유민주주의가 종교관에 부여한 역할에 잘 들어맞는다. 자유민주주의가 특정 종교관을 사적 영역으로 밀어내 버린 것처럼 다원주의적 해석 또한 그것을 특정 문화에서 발생한 우연한 특징으로 끌어내린다. 이 두 가지 경우 종교들이 갖는 특이성(particularity)은 제쳐 놓는다. 자유민주주의는 특이성에 앞서 보편적으로 접근 가능한 '독립된 자료'를 찾고 다원주의적 해석은 모든 종교를 관통하는 '공통의 빛'을 향한다. 더 정확히 말하자면 양자의 경우 종교적 특이성은 더 포괄적인 무언가를 예시하는 정도에서만 수용될 수 있다. 즉 자유민주주의에 있어서는 공적 이성(public reason)이고 다원주의적 해석의 경우는 모든 종교 신념의 핵심을 말한다.

그러나 종교 간의 관계에 대한 다원주의적 해석은 앞뒤가 잘 맞지 않는다.[26] 모든 사람에게 평등한 관계를 보장한다는 약속을 이루지 못한다는 뜻은 아니다. 물론 그 약속이 지켜지지 않는다는 것은 사실이기도 하다. 그러나 문제는 어느 종교집단들은 결국은 제외되는데 그 이유는 실재하는 개별 종교의 가르침과 실행이 서로 상이할 뿐 아니라 때로는 완전히 상호 모순되며 또한 그들의 종교가 모든 종교의 저변에 깔린 동질성이 나타나는 사례로 인정되기를 한사코 거부하기 때문이다. 우리는 종교의 외연을 넓힐 수는 있지만 사전에 모든 종교를 포괄하겠다고 선언하지 않는 한 그중 일부를 제외하지 않을 수 없다. 내가 보기에도 다원주의자들이 몇몇 종교를 제외하는 것을 '옳다고' 생각한다. 그렇게 하지 않으면 우리는 무차별적으로 모든 것을 어떤 것이든지 다 인정해야 하는 결과가 될 것이기 때문이다. 다원주의자들일지라도 종교적 배타주의를 완전히 극복한 것처럼 가장해서는 안 된다.

다원주의자들의 설명에서 가장 문제 되는 것은 종교의 다양성은 그 자체로서 용납될 수 있음에도 그들이 그 다양성들을 축소해 내재적인 동일성으로 모으려 하는 데 있다. 이들은 거창한 틀을 만들어 모든 종교를 그 안에 집어넣고 단지 특정한 문화 속에서 나타난 사례로 만들어 버린다. 그러나 이러한 틀은 특정 종교를 미리 짜 놓은 주형 속으로 끼워 넣는 식이 되는데, 이는 모든 종교의 신자에게 **자신들의 믿음은 그들의 삶과 사고의 가장 포괄적인 틀이 되기에** 더욱 문제가 된다. 상이한 종교에서 중요한 부분들을 끌어모아 하나의 핵심으로 압축하려는 시도는 결국 각개 종교의 특성을 무시하는 결과를 낳을 수밖에 없다.

단도직입적으로 말해서 종교들은 공통된 핵심을 가질 수 없다. 이것은 매우 중요한 주장이지만 여기서 일단 구체적인 이유를 제시하지는 않겠다. 각개의 종교는 느슨하게 연결된 예전(禮典)과 관습, 그리고 진리에 대한 형이상학적·역사적·도덕적 주장으로 구성되어 있다. 여러 종교에서 이러한 의식과 관습과 진리에 대한 주장이 무슬림과 그리스도인이 다 같이 유일신을 믿는 것처럼 서로 겹치는 경우가 있고 무슬림은 기도 전에 몸을 씻는데 그리스도인은 그런 의식을 행하지 않는 것처럼 서로 다르기도 하며 대부분의 무슬림이 예수가 십자가 상에서 돌아가셨다는 그리스도인의 주장을 인정하지 않는 것처럼 서로 상충하기도 한다.

나아가 이러한 종교 간의 일치와 차이, 그리고 상충의 관계가 과거에 그러했던 것처럼 장래에도 같으리라고 생각할 이유란 없다. 종교는 동적인 것이고 정적이지 않다. 종교는 경제적 조건이나 기술 발달 같은 인간 생활의 다른 영역과의 상호작용을 통해 발전할 뿐만 아니라 특히 오늘날의 세계화된 상황에서는 종교 상호 간의 교류를 통해서도 발전한다.[27] 이슬람교와 기독교의 예를 다시 보면 우리는 두 종교 사이의 대결의 역사는 또한 그들 사이의 융합과 분화의 역사임을 보게 된다. 여러 세기에 걸쳐 무슬림과 그리스도인이 동일한 신을 믿고 있음에 누구도 이의를 제기하지 않았지만 21세기에 들어와 이 문제가 매우 심각한 논쟁의 대상이 되었다.[28] 그런가 하면 두 종교 사이에는 과거나 지금이나 신자들 간에 적대 관계 혹은 우호 관계에 의해 촉발된 주고받음이 있었다.

각 종교의 역동적 성격과 그들 사이의 중복되는 모습을 보면 여러 다른 신앙을 가진 사람들이 상충하는 관점을 가지고 서로 무익한 충돌로 나아가거나 끊임없는 폭력 사태에 빠지지 않기를 바랄 근거를 갖게 된다. 하지만 이는 하나의 희망 사항이고 가능성일 뿐이다. 이를 실현하려면 어떻게 해야 하는가? 종교가 각각의 상이점을 보존하면서 공적 결정과 논의 과정에 각기 전승되어 온 지혜를 적용하려면 어떻게 해야 하겠는가? 이러한 일을 이루어내면서 민주적 틀 안에서 평화롭게 살아가고 그 땅의 법이 각각의 종교를 믿는 사람들을 평등하게 대하며 국가는 모든 신앙 공동체를 공평하게 상대하는 그러한 세상은 어떤 모습일까?

자신의 목소리로 말하다

나는 모든 사람이 공적 영역에서 자기 자신의 종교적 목소리를 내야 한다고 주장해 왔다. 그러나 자기 자신의 목소리로 말한다는 것은 무엇을 의미하는가? 이에 대한 대답은 두 부분으로 구성되는데 하나는 모든 종교에 공통한 것이고 또 하나는 각 종교에 특유한 것이다.

만약에 우리가 모든 종교를 기본적으로 똑같다고 생각한다면 각각의 종교에서 진정으로 중요하다고 보는 문제들도 동일할 것이다. 신앙인으로서 진정성 있는 말을 한다는 것은 모든 신앙인에게 공통적인 것을 자신의 종교에 익숙한 표현으로 말하는 것을 의미하게 될 것이다. 사람 사이에 이견이 존재하는 이유는 종교 이외의 무엇 때문일 것이다. 그러나 나는 이런 식의 종교 간의 관계에 대한 설명은 타당하지 않다고 지적한 바 있다. 각 종교의 독특성은 축소될 수 없다.

각자의 종교적 목소리로 말한다는 것이 무엇을 의미하는지를 각 종교의 특유한 것으로 설명한다면, 종교 간의 차이를 중요하게 다루는 것이다. 각 종교 전통은 그것이 다른 종교와 어떻게 다른가가 중요하다. 이런 관점에서 본다면 기독교적인 목소리로 말한다는 것은 무엇이 기독교의 고유한 것인가를 강조하는 것이고 다른 종교와 공통된 부분은 덜 중요하다고 여기기에 언급하지 않음을 뜻한다. 종교가 다른 사람들이 공개 토론을 할 때, 이들이 종교적 지식을 갖추고 있는 경우 각 견해는 결국 충돌하기 마련이다. 그러나 내가 앞에서 지적한 대로 종교는 서로 다르기만 한 것이 아니고 그들은 때로는 의견의 일치를 보이고 또 몇몇 중요한 문제에 관하여 뜻을 모으기도 한다.

그런데 위에서 말한 두 방향의 접근은 모두 **종교의 구체적 특성을 추상화하는 것**이기에 잘못되었다. 한쪽은 모든 종교에 공통한 것에만 초점을 맞추고 다른 쪽은 그들 사이의 차이만을 강조한다. 그리하여 종교에서 가장 중요한 것 즉 각각의 구성요소가 구체적으로 어떤 구조로 전체를 구성하는가를 이해하지 못하고 있다. 각각의 요소는 서로 중복되기도 하고, 또 상이하거나 서로 충돌하기도 한다.[29] 이러한 가운데 자신의 종교가 가진 구체적인 특성을 인정하면서 자기 자신의 목소리를 낸다는 것이 과연 무엇을 뜻하게 될까?

예를 들어 무슬림의 목소리로 말한다는 것은 모든 종교에 공통된 주제에 대하여 약간의 변화만을 주는 것도 아니고 또 다른 종교와 구분되는 전적으로 이슬람적인 주장을 펴는 것도 아니다. 그것은 유대교도나 그리스도인, 혹은 다른 어떤 종교인들이 말하는 것과 중복되고, 차이가 나고 상충하든지 간에 이슬람 신앙의 구체적 내용을 말하는 것이다. 이 주장은 5장에서 제시한 종교 공동체들이 문화에 대해 보이는 일반적인 태도를 다른 종교와의 관계에 적용한 것이다. 진리는 중요하고, '다 좋은 거야'라고 등을 두드려 주는 식의 헛된 종교 다원주의는 얄팍하며 오래가지 못하는 것이기에 서로 다른 신앙인들은 서로 중복되는 내용을 보고 기뻐하며 차이점이나 상충하는 문제들에 대해서 진지하게 대화하게 된다.

그러나 상당한 공통점에도 불구하고 차이나 상충점이 있을 때 종교 간의 충돌을 어떻게 막을 수 있을까? 서로 다른 신앙인들이 그들의 상이한 관점을 공적 공간으로 가지고 나왔을 때 정치 공동체를 폭력적 상황에 빠뜨리지 않겠는가? 이런 문제가 제기되면 어떤 이들은 종교적 목소리는 공적 영역에서 침묵을 지켜야 하고 일정한 형태의 세속주의를 받아들여야 한다고 말한다. 그러나 세속주의는 도움이 될 수 없다. 이러한 생각은 종교 간의 충돌 위에 있지 않고 또 다른 행위자로서 충돌에 가세하는 것에 불과하다. 이는 유럽에서의 이슬람과 세속주의의 충돌에서 드러났다.[30] 더욱이 폭력성에 관한 한 세속주의의 행적이 종교보다 나을 게 없다. 인류 역사상 가장 폭력적이었던 20세기에 행해진 폭력 사태는 대부분 세속적 명분 아래 저질러졌다.

종교적이건 세속적이건 상이한 인생관으로 폭력적 충돌이 생겼을 때 평화의 문화를 길러 낼 내적 자원에 관심을 집중하는 것이 유일한 해결책이다.[31] 이러한 자원은 종교에 따라 다르겠지만 또 상당 부분 중복될 수도 있다.

나의 신앙이고 내가 연구하고 있으며 폭력적 유산에 있어 다른 종교에 뒤지지 않는 기독교가 평화의 문화를 함양하는 자원을 발전시킨다는 것은 최소한 두 가지를 뜻한다. 첫째는 신앙의 **중심**에 관한 것이다. 처음부터 기독교 신앙의 중심에는 하나님이 죄 많은 세상을 사랑하셨고 그리스도가 경건치 못한 사람들을 위해 죽으셨다는 것(요

3:16, 롬 5:6), 그리고 그리스도를 따르는 자들은 자신을 사랑하는 것만큼 원수를 사랑해야 한다는 주장이 있었다. 사랑은 동의나 승인을 뜻하는 것이 아니라 관대함과 선행이며 이는 의견의 차이나 반대를 뛰어넘는다. 초기 기독교의 뚜렷한 특징 가운데 한 가지는 악(evil)과의 정면 대결을 회피하지 않는 도덕적 투명성이 죄지은 자를 위해 자신을 기꺼이 희생하는 깊은 연민과 결합하는 것이다.[32] 이는 오늘 기독교의 특징이어야 한다.

그리스도인의 목소리로 말하는 것에 대한 두 번째 요소는 첫 번째로부터 나오는 것으로서 **정체성**의 본질에 관한 것이다.[33] 모든 개별적 정체성은 경계에 의해 확정된다. 즉 어떤 것은 경계 안에 있고 어떤 것은 경계 바깥에 있다. 만일 모든 것이 다 안에 있거나 모든 것이 다 바깥에 있다면 어떤 특별하고 유한한 것도 존재할 수 없으며 경계도, 정체성도 그리고 어떤 한계성도 존재할 수 없다. 이는 종교에 그대로 적용된다. 하지만 경계에 대해서는 좀더 말할 것이 있다. 경계는 필요하지만 통과할 수 없어서는 안 된다. 타자와의 대결 상태에서 경계는 비록 미미한 정도일지라도 항상 넘어가게 되어 있다. 역동적인 정체성을 보이는 사람이나 공동체의 경우, 경계는 튼튼하지만 통과할 수 있다. 이러한 경계를 사이에 둔 타자와의 대결은 우리 쪽 입장이나 영역을 주장하는 데만 쓰이지 않는다. 경계는 그것을 사이에 두고 서로 배우고 가르치고 스스로 풍성해지고 또 상대를 풍성하게 하며, 새로운 합의에 이르거나 옛것을 더 강화하고, 새로운 가능성을 꿈꾸고 새로운 경로를 탐색하게 한다. 종교적 개인과 공동체가 서로 접촉하는 상황에서 이 같은 투과성은 기본적으로 타자에 대한 적극적인 태도를 전제하는데 이는 이웃을 사랑하라는 계명과 특히 원수를 사랑하라는 명령과 일치하는 것이다.

자신의 종교적 목소리로 말한다는 것은 신앙의 중심으로부터 소리를 내는 것이다. 그리스도인의 목소리로 말한다는 것은 두 가지 근본적인 신념 즉 하나님은 죄지은 자를 포함한 모든 사람을 사랑하신다는 것과 종교적 정체성은 통과할 수 있는 경계로 둘러싸여 있음을 전제로 말하는 것이다. 다른 모든 것에 관한 이야기들은 이러한 신념으로부터 나와야 한다. 그렇게 될 때 사람들의 목소리는 고유한 그리스도인의 목소리가 되고 다른 많은 목소리를 그 안에 담을 수 있게 되며 또 다른 목소리가 그리스도인의 목소리와 함께 울려 나올 수 있다. 물론 공명이 일어나지 않고 다툼이 생길 때도 있겠지만, 이로써 개인 간의 접촉이나 공공의 장에서 선한 쟁론이 이뤄지게 된다.

선물의 교환

1779년에 고트홀트 에프라임 레싱(Gotthold Ephraim Lessing)이 「현자 나탄」(Nathan the Wise, 지만지)이라는 제목의 소책자를 출간했는데 이 책은 즉각 성공을 거두었다. 이 책은 12세기 예루살렘에서 벌어지는 아브라함에서 나온 세 종교 즉 유대교, 기독교, 이슬람교의 관계에 관한 연극 대본이었지만 주제는 선물에 관한 것이다. 예루살렘의 무슬림 통치자인 술탄 살라딘이 젊은 성전 기사 단원 한 사람을 사면해 주었다. 이 기사가 나탄이라는 이름의 부유한 유대교도의 딸 레샤를 구출해 주었다. 레샤는 원래 그리스도인 고아였는데 나탄이 입양했었다.

상이한 종교의 대표자 사이의 이 같은 미담은 한 가지 목적에 맞춰져 있는데, 그것은 유대교도와 그리스도인과 무슬림이 함께 평화롭게 사는 길은 '관용'에 있다는 것이다.

레싱은 아브라함계 종교 간의 관계에서 부정적인 면과 긍정적인 면을 지적한다. 부정적인 점은 우리가 여러 종교의 진리 주장에 대한 논쟁을 회피해도 별문제가 없다는 것이다. 각 종교의 신자들은 자신의 종교가 진실하다고 믿는다. 그러나 레싱은 사람들이 종교를 비교할 때 어느 것이 진리이고 어느 것이 거짓인지 알 수 없다고 주장한다. 그래서 종교상의 진리와 허위를 구분할 수 없다면 오직 자부심만이 신자들로 하여금 '자신들의 신이 진정한 신이다'라고 믿게 하고 또 '그들이 믿는 더 좋은 신을 온 세계가 받아들여 잘되도록 하고자' 노력한다는 것이다.[34]

자신들이 믿는 종교 진리가 우월하다고 서로를 설득시키려고 애쓰는 대신 사람들은 어떻게 해야 하는가? 여기에 레싱은 자신의 긍정적인 논점을 제시한다. 그는 아래와 같은 선언을 유대교, 기독교, 이슬람교 대표들에게 내린다.

"당신들은 각각 편견에서 떠난 순전한 사랑만을 가지고 서로 경쟁하시오. 당신들은 [각자의 종교의] 힘을 나타내는 데 힘쓰시오. 그리고 이 힘의 도움을 받되 고결함과 진심의 관용과 자비와 신에 대한 가장 진실한 복종을 더하시오."[35]

레싱에게 종교는, 적어도 아브라함에서 시작된 신앙은 순전한 사랑의 실천이다. 각 종교의 진실성을 검증받는 길은 그러한 사랑을 일으키는 것이고 이는 바로 선물을 주는 행위로 귀결된다. 신자들은 다른 사람들이 필요로 하고 기뻐하는 것을 주는 일에 마음을 쏟아야 하며 종교적 진리의 문제는 일단 유보해 놓고 그에 대한 결정은 공정한 심판자가 각 종교가 사랑을 실천해 온 행적을 놓고 내리도록 하라는 것이다.

계몽주의 시대의 아들이며 사실은 계몽주의의 아버지 가운데 한 사람이라고 할 수 있는 레싱은 종교인의 사랑 실천을 종교의 진리의 문제로부터 깔끔하게 분리할 수 있다고 생각했다. 진리의 주장에 대해 이의를 제기할 수 있으나 그는 사랑의 실행에 대해서는 한가지로 생각한다고 느꼈다. 나아가 그는 유대교도나 그리스도인이나 무슬림이라는 구분은 문화와 종교의 특성을 벗어 버린 더 기초적이고 포괄적인 인간성에 대한 떼어 낼 수 있는 장식에 불과하다고 믿었다. 진리를 내세우면 문화적·종교적 특징은 분열을 초래하지만 사랑을 내세우면 일반적인 인간성은 연합한다. 고결한 인물에게는 그가 유대교도거나 그리스도인이거나 무슬림이거나 아무 상관 없이 "한 인간이라고 불리는 것만으로 충분하다."[36]

그런데 문제는 이 세상에 일반적인 인간이나 일반적인 사랑은 없다는 사실이다. 우리가 자라고 살아온 전통, 대부분 종교적인 전통을 떠나면 도대체 사랑이란 무엇이며 인간은 무엇을 의미하는지 알지 못한다. 유대적인 방식의 인간과 사랑이 있고, 기독교적인 인간과 사랑이 있고, 이슬람적인 인간과 사랑이 있고, 또 그밖에 각 종교에 따른 인간상과 사랑이 있다. 여러 종교가 제시하는 인간 존재와 사랑의 방식은 동일하지 않지만 또 상당 부분 중복되기도 한다.

달리 말하자면, 예컨대 유대교도 됨과 그리스도인 됨은 인간성과 사랑이 맘대로 벗어 버릴 수 있는 의상이 아니다. 그것은 특정한 인간성이나 특정한 사랑을 안에 담는 틀이다. 그리고 우리는 여기서 진리의 문제를 다시 생각해 보게 된다. 사람들의 궁극적인 인생관은 그에 담긴 형이상학적 그리고 도덕적 요구로 인해 '사랑'이나 '사람됨'이라는 것의 의미에 구체적인 내용을 부여한다. 각 종교는 실제로 인간이란 무엇인가 하는 문제에 따른 인간 존재의 의미에 대해 각각의 비전을 가지고 있다. 각 종교는 보편적 가치를 내세우는 진리를 주장한다. 하지만 각 종교는 이러한 주장을 펼 때 결정적으로 독특한 태도를 보인다. 그리고 그 결과 모든 종교 간에 인간성의 의미와 인간으로서 사는 삶의 최선의 방도를 주제로 논쟁이 벌어진다.

레싱이 말하는 '순전한 사랑'을 통한 선물의 교환은 그 자체로 중요하지만 그것으로 충분하지는 않다. 여기에 **진리 추구와 상호 이해**를 위한 선물의 교환이 보충되어야 한다. 많은 종교 특히 아브라함계 신앙에서 진리 주장은 가장 기초적 수준에서, 각각의 경전에 수록되어 있다. 내 생각에는 신앙인들은 다른 종교의 경전에 대하여 '해석학적 호의'(hermeneutical hospitality)를 베풀고 서로 선물을 교환해야 한다.[37] 즉 각각의 종교에서 경전을 해석하는 노력에 대하여 동정적으로 접근하며 다른 신앙인들이 우리의 경전을 어떻게 이해하고 있는가를 경청해야 한다. 호의적 자세가 상대방의 경전 해석에 동의한다는 뜻은 아니다. 그리고 상이한 종교 공동체 간에 전반적인 합의가 이루어질 수도 없다. 각 종교는 일부 중복되는 내용이 있지만 고유한 문서들을 권위 있는 경전으로 모시고 있기 때문이다. 그러나 이러한 해석학적 선물 교환을 통하여 신앙인들은 자기 자신과 타 종교의 경전을 더 잘 이해할 수 있게 되고 서로 진리를 향한 투쟁에서 적이 아니라 동반자로 여기며 서로의 인간성을 존중하고 또 상대방을 위하여 선행을 베풀게 되는 것이다.

이견은 좋은 것

이상의 두 가지 선물 교환 즉 레싱이 말하는 선행과 내가 주장하는 해석학적 호의로 모든 이견이 해소되거나 종교 공동체 간의 갈등이 종식되지 않을 것이다. 이견이나 갈등의 해소가 반드시 바람직한 것도 아니다. 이견이나 갈등이 없는 사회생활이란 유토피아적 꿈이며 오늘의 비유토피아적 상황에서 만일 실현된다고 해도 오히려 좋을 것이 없다.[38] 그러나 이러한 선물 교환을 통해 이견과 갈등의 해소를 위한 협의가 상호 존중하에 이루어질 수 있고 또 이를 통해 상당한 정도의 융합과 이해에 도달할 수도 있을 것이다. 종교 공동체들은 계속하여 이견을 내놓고 논쟁을 벌일 것이다. 중요한 것은 친구로서 생산적으로 토론하는 것이고 적으로서 파괴적으로 싸우지 않는 것이다.

 논쟁만 하는 것으로 행동을 대체할 수 없다. 우리는 행동을 멈출 수 없다.[39] 논쟁하면서 행동해야 한다. 정치체제에서 행동하는 중요한 방식은 투표하는 것이다. 논쟁하고 나서 투표하고 또 논쟁한다. 이것이 성숙한 시민의식으로 잘 운영되는 민주주의 체제에서 시민이 취하는 방식이다. 상이한 종교 공동체의 구성원들이 이처럼 하지 못하고 자신들의 종교를 그들의 가슴속에, 가정에 그리고 성소 안에 가두어 두어야 할 이유가 없다.

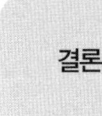

결론

카이로 연설

2009년 6월 4일, 미국의 오바마 대통령이 대통령으로서 직무를 시작하던 시기에 카이로 대학에서 미국과 무슬림 공동체와의 관계를 재정립하기 위한 연설을 했다. 강연 주제는 미국과 무슬림 공동체 간의 심각한 긴장과 이라크와 아프가니스탄에서 진행되고 있던 전쟁에 관한 것이었다. 그 강연은 단지 정치적이고 실제적인 내용만을 다루지 않고 도덕적이고 철학적인 내용도 다뤘다. 강연에서 오바마 대통령은 '문명의 충돌'에 대한 대안을 제시했다.

카이로 연설을 지배하는 신념을 잘 나타내며 연설에 진중함을 더한 것은 연설 처음에 언급한 그의 간략한 자전적 이야기였다.

나는 그리스도인입니다. 그러나 내 아버지는 여러 세대를 이슬람 신앙 속에서 살았던 케냐의 한 가문 출신입니다. 나는 어린 시절 여러 해를 인도

네시아에서 보냈고 새벽에 그리고 황혼이 시작될 때 이슬람교의 예배시간을 알리는 아잔(azaan) 소리를 들었습니다. 그리고 나는 젊은 시절 시카고의 공동체들을 위해 일을 했는데 그곳에서 많은 사람이 이슬람교 안에서 존엄과 평안을 누리고 있었습니다.[1]

오바마 대통령의 기독교 신앙은 이슬람과 다르지만 또한 이슬람에 대한 인정을 포함하고 있고 이슬람의 유산을 함께 지니고 있었다. 그리스도인으로서 그의 신앙 정체성은 복합적이어서 무슬림의 신앙 정체성과 비슷하기도 하고 또한 다르기도 했다.

그는 개인적인 경험을 빗대어 공동체 전체, 나라 전체의 경험에 관해서 이야기한 것이다. 미국과 이슬람 공동체의 관계에 있어서 그가 언급한 복합적인 성격의 사회적 정체성의 결과는 심대하다. 이 관계는 단지 종교적·문화적인 '차이'뿐 아니라 '중첩되는 내용'과 '공통의 원리'에 의해서도 정의되어야 한다. 그는 공통 요소를 예시하면서 연설 마지막에 모든 종교의 공통 법칙을 묘사한다. 즉 "대접을 받고자 하는 대로 다른 사람을 대접하라"는 것이다.[2] 이 도덕적 원리는 '모든 나라와 민족을 초월'하고 '새로운 것이 아니며 흑인이나 백인이나 유색인종 각각에만 적용되는 것이 아니고 그리스도인이나 무슬림이나 유대교도 모두에게 적용되는 믿음'이다.

종교 간의 관계에서 차이와 공통점은 모두 중요하다. 우리가 차이만을 인정한다면 우리는 '평화가 아니라 증오의 씨앗을 뿌리고 협력이 아니라 갈등을 일으키는 사람들에게 힘을 실어 주게' 된다. 반대로 공통점만을 인정한다면 그들에게 우리를 동화시키거나 그들을 우리에게 동화시키게 되어 우리 자신과 다른 사람을 모두 왜곡하고 멸시하게 된다. 우리가 각각의 공동체에 고유한 특징을 부여하는 부정할 수 없는 차이와 모든 공동체를 함께 묶는 공통점을 함께 인정할 때에만 각각의 공동체를 존중하며 함께 현실적 공존을 도모할 수 있다.

오바마 대통령이 종교와 문명 사이의 차이와 공통점을 함께 포용한 것은 '우리는 불화할 수밖에 없으며 문명의 충돌은 운명적'이라는 주장에 반대하는 것이다. 그는 새뮤얼 헌팅턴(Samuel Huntington)의 '문명의 충돌'에 대한 유명한 주장을 지지하는 이들을 염두에 두고 있었다.[3] 문명의 충돌은 부시 대통령이 테러리즘에 맞서 전쟁을 수행하는 기초적 이데올로기가 되었기 때문이다. 헌팅턴은 21세기 초에 자기 이해와 정체성을 부여하는 근거가 정치 이데올로기로부터 종교가 핵심적인 역할을 하는 문화와 문명으로 대체되었다고 주장했다. 문명은 서로 다르며 문명의 차이가 유사성보다 사람들에게 더 중요하므로 문명은 충돌할 수밖에 없다는 것이다.

헌팅턴의 명제는 싸움을 거는 사람들에게는 유용하지만 평화 가운데 공존하고자 하는 데는 도움이 되지 않는다. 오바마 대통령은 전 세계의 무슬림에게 다가가고자 했기에 문명의 충돌을 분명히 서로 다르지만 많은 공통점을 가지고 있는 사람들 간의 협력이라는 비전으로 대체하자고 제안한 것이다. 그러나 이것은 단지 희망 사항은 아닌가? 종교에 그런 협력을 이룰 수 있는 능력이 있는가? 여러 종교가 같은 정치적인 공간 안에 공존하며 공공의 선을 위해 협력할 능력이 있는가?

신앙과 정치적 다원주의

만약 앞에서 언급한 사이드 쿠트브가 유일신 사상, 특히 세계에서 기독교 다음으로 많은 17억의 신자가 있는 이슬람교를 대변한다면[4] 오바마 대통령의 다원주의적 비전은 희망 사항에 불과할 것이다. 종교적·문화적 다원성은 세계화된 우리 시대에 불가피한 현실이지만 정치적 기획으로서의 다원주의는 완전히 실패할 수밖에 없다. 서론에서 이미 살펴보았듯이 쿠트브는 하나의 신에 대한 믿음과 하나의 정치적 권위와 하나의 보편적인 도덕법이 서로 연결되는 것으로 보았고 하나의 신과 그 신의 율법이 이 세계를 통치하게 하려고 물리적인 힘의 사용을 옹호했다. 만일 쿠트브가 유일신 사상의 내적 논리를 바르게 표현한 것이라면 유일신 사상은 명백한 전체주의가 된다. 오늘날 다종교적이고 다원적인 사회에서 지배적인 종교인 유일신 사상이 갈등을 피할 수 있는 유일한 대안은 공적 영역에서 종교를 배제한 세속 사회를 만드는 것이다.

공적 영역에서 종교를 배제하면 신앙을 사람들의 내면에 가두어 두고 신앙의 영향력을 종교적인 공동체의 경계 안으로 제약하게 되기에 많은 사람의 종교 신념과 상치되어 결국은 대규모의 종교적 억압이 일어날 것이다. 그러나 만일 쿠트브가 유일신 사상이 지닌 정치적 함의를 바르게 표현했다면 종교를 공적 삶에서 배제하는 세속적인 조치에 대한 대안은 하나의 종교가 공적 삶을 지배하여 선한 삶에 대한 비전을 강제적으로 다른 모든 사람에게 강요하는 전체주의가 될 것이다. 그러므로 만일 쿠트브가 옳다면 하나의 종교만 인정하고 모든 종교를 억압하거나 아니면 모든 종교를 억압하는 세속주의, 이 두 가지 대안밖에 없을 텐데 어떤 경우든 분명히 정당하지 않다.

이 책에서 나는 기독교 신앙을 제대로 해석하게 되면 종교적 전체주의에 반대하며 정치적 기획으로서의 다원주의를 지지하게 된다고 주장해 왔다. 이슬람교와 같은 다른 종교의 입장에서도 유사한 주장이 가능하며 또 그러한 주장들이 있었다.[5] 다시 반복해서 말하자면 쿠트브의 입장은 이슬람교를 **대표하는** 입장이 아니며 그의 견해는 많은 무슬림에 의해 분명하게 정죄되었고 이슬람 주류의 입장을 반영하고 있지 않다. 아래에 쿠트브의 종교적 전체주의에 반대하여 정치적 기획으로서의 다원주의를 제안한 나의 주장을 요약해 보겠다.

1. 모든 유일신 사상은 '오직 한 분의 신만이 존재한다'는 데 동의한다. 이것은 이슬람교만의 전제가 아니라 대부분의 유일신 사상이 견지하는 신념이다. 쿠트브는 여기서 종교적인 전체주의라고 명명할 수 있는 정치철학을 도출했다. 나는 하나의 신을 믿는 것은 이웃 사랑이라는 신의 명령을 따라 대접을 받고자 하는 대로 다른 사람들을 대접하게 하도록 우리를 연합하기 때문에 정치적인 기획으로서의 다원주의에 헌신하게 한다고 믿는다.

2. 알라 외에는 신이 없다는 이슬람의 신념이 쿠트브에게는 다른 사람들에 대한 모든 인간적인 권위는 그것이 사제들의 권위든 정치인들의 권위든 평범한 사람들의 권위든 모두 우상숭배의 한 형태라는 것을 의미했지만, 나는 정치적 권위 혹은 어떤 권위든지 그것이 반드시 신의 권위에 반대된다고 믿지 않는다. 유일신 사상에서는 모든 인

간적인 권위를 거부하는 것이 아니라 한 분이신 신에 대한 궁극적인 충성이 중요하고 이는 신의 명령에 반대되지 않는 것에 순종하는 것을 포함한다. 성경의 표현을 사용하자면 "사람보다 하나님께 순종하는 것이 마땅하며"(행 5:29) 또한 우리는 "위에 있는 권세들에 복종해야 한다"(롬 13:1).

3. 쿠트브에 따르면 어떻게 개인적인 삶을 살아가며 어떻게 사회적인 삶을 조직할 것인가에 대한 지침은 신으로부터만 나온다. 나는 신의 계시가 결정적으로 중요하지만 신의 계시에 대한 인간의 이해는 언제나 제한적이라고 믿는다. 계시를 해석할 자격이 있다고 생각하는 사람들을 포함하여 모든 인간은 오류를 범할 수 있는 유한한 존재이기 때문이다. 게다가 신의 계시는 삶의 모든 영역에 미치지만 또한 삶의 구체적인 문제들에 관해서는 규정하지 않은 채 남겨 두었다. 신이 창조주이고 그러므로 모든 존재의 주인이시기에 진, 선, 미는 모든 피조물에 나타나며 인간이 무엇을 해야 하는가에 대한 지식은 과학, 철학 그리고 다른 종교를 포함한 다양한 근원에서 나올 수 있다.

4. 쿠트브는 무슬림 공동체는 "이슬람교로부터 기인한 삶의 방식, 생각, 개념, 지배, 규율, 가치, 기준을 따르는 사람들의 집단을 일컫는 이름이다"라고 주장한다.[6] 신앙이 삶의 모든 영역을 형성하는 것은 중요하지만 나는 공동체를 형성하는 '삶의 방식, 생각, 개념, 지배, 규율, 가치, 기준'은 신의 계시로부터 직접 도출되어야 한다기보다는 신의 계시와 **병존**하는 것으로 충분하다고 믿는다.

5. 쿠트브의 견해에 따르면 신을 진정으로 따르는 사람들은 신의 가르침에 대한 무지함을 드러내는 공동체들과의 관계를 끊도록 부름

받았다. 내 견해로는 신을 진정으로 따르는 사람들은 세상 속에서 살아가도록 부름을 받은 것이지 세상 밖으로 부름받은 것이 아니다(막 16:15, 요 17:14-16을 보라). 그들은 다른 어떤 것보다도 하나님을 사랑하며 예수 그리스도를 주님으로 따른다. 이러한 면에서 그들은 세상의 다른 사람들과 다르다. 그들이 생각하고 행동하는 바가 다른 사람들과 같든지, 유사하든지 혹은 전적으로 다르든지 간에 말이다. 기독교는 하나의 '문화' 혹은 '문명'이 아니라, 그리스도를 중심으로 하여 다양한 문화와 문명 속에서 살아가는 삶의 방식이다.

6. 쿠트브는 신은 한 분이며 창조주이시므로 인간의 개인적이고 사회적인 삶을 규율하는 법은 언제 어디서나 적용된다고 주장한다. 비록 나는 신의 도덕적인 율법이 보편적으로 유효하다는 데 동의하지만 그 율법은 사람들의 의지에 반대되지 않는 유효한 민주적 절차에 의해 이 땅에 부과되어야 한다고 믿는다.

7. 쿠트브는 "이 세상 속에서 이슬람의 가장 중요한 의무는 **자할리야**(신의 인도하심에 대한 무지)를 인간적인 지도자들로부터 제거하고 그들이 직접 정치권력을 취하고 영구한 가치가 있는 구체적인 삶의 방식을 실현하는 것"이라고 썼다.[7] 나는 그리스도인들에게 그러한 의무는 없으며 폭력적인 '기독교 혁명' 같은 것은 부당하고 사랑의 정신을 담고 있지 않으며 비생산적이고 어떤 경우에도 기독교적이지 않다고 믿는다.

8. 쿠트브에 따르면 진정한 신앙인들은 '알라 외에는 신이 없다'는 믿음의 증인으로 부름받았고 이 믿음은 강요될 수 없는 것이므로 자발적으로 받아들여져야 한다. 나는 신앙이 자발적으로 받아들여져야

한다는 데 동의하며 그러므로 사람들에게 선물로 주어져야지 율법으로서 강요되어서는 안 된다고 생각한다. 이런 이유로 신의 계시에 근거한 것이라고 주장되는 어떤 형태의 사회적 체제나 법도 강요되어서는 안 된다. 종교의 자유를 보장하는 것은 종교적인 전체주의를 어떤 형태든지 거부하는 것이며 다원주의를 정치적 기획으로서 받아들이는 것이다.

이상의 여덟 가지 논점을 정리하면서 나는 신앙의 강요가 빚어내는 오류에 빠지지 않도록 이론적으로는 충분히 주의를 기울였다고 생각한다. 위에서 개략적으로 설명한 사회적 다원주의를 옹호하는 신앙은 공공 생활에서 다양한 목소리 중 하나로 존재하면서 인간의 번영에 대한 자신들의 비전을 추구해야 하며 그렇게 하여 공공의 선을 위해 봉사해야 한다. 더 나아가 4장에서 말했듯이 유대교도나 그리스도인이나 무슬림 그리고 다른 종교의 신자들에게는 이 세상 속에서 공동의 과제가 있다고 생각한다. 이것은 단지 그들의 소매를 걷어붙이고 집요하게 떠오르는 질병, 굶주림, 인권 유린, 환경 파괴와 같은 형태의 비참함[8]을 제거하기 위한 협력에 그치지 않는다. 공동의 사명이란 현대 문화 속에서 즐거움을 사랑하는 것이라는 강력한 추진력이 사랑을 즐거워하는 것으로 대체되어야만 진정으로 인간이 번영할 수 있다는 사실을 받아들이게 하는 것이다. 각각의 종교는 즐거움의 사랑에서 사랑의 즐거움으로의 이행이 어떻게 성취되어야 하는지 다른 의견을 내놓을 것이다. 그리고 사랑의 즐거움이 구체적으로 무엇을 의미하는지에 관해서도 의견 일치를 보지 못할 것이다. 그러나 그들은 즐거움을 사랑하는 것이 공허함을 깨닫게 하고 "인생에서 선이라고 불리는 것을 무엇이 가치 있게 만드는가"라는 가장 중요한 질문에 대해서 진지한 토론이 이루어질 수 있는 분위기를 함께 만들어 내야 한다.

감사의 글

이 책을 만들기까지의 이야기를 다 전하기란 쉬운 일이 아니다. 감사의 메시지를 다 정리하는 것은 늘 불완전한 일이지만 이번에는 더 어려울 것이다.

이 책은 캐나다 밴쿠버의 리젠트 대학에서 2006년 라잉 강좌(Laing Lectures)를 담당하도록 초청받은 것이 결정적 계기였다. 그 강좌의 내용이 책의 첫 세 장을 구성한다. 나는 리젠트 대학의 내 친구들, 특히 존 스택하우스(John Stackhouse)에게 아름다운 도시로 초대해 주고 생산적인 토론을 할 수 있게 해준 데에 대해 감사한다. 라잉 강좌에서 했던 강의 내용을 그 뒤에도 개별적으로 강의할 기회가 있었다. 나머지 네 장의 내용도 사정은 같다. 각각의 내용은 본래 개별적으로 구성되었다. 4장⟨인간의 번영⟩은 '인간의 미래를 위한 희망과 책임'(Hope and Responsibility for Human Future)이라는 주제하에 신학과제연구소(Intitute for Theological Inquiry)에서 주관한 유대교와 기독교 학자들의 학회 분과 모임을 위해 2008년에 작성한 것이다. 5장⟨정체성과 차이⟩은 1994년으로 거슬러 올라가 독일의 바트 우라(Bad Urah)에서 모인 '우리 시대 다원주의 문화 속에서의 복음'(the Gospel in Our Pluralistic Culture)이라는 주제로 열린 학회의 강연이었지만 이 책을 위해 많은 부분을 수정했다. 6장(지혜를 나누며)은 2007년 인도 암리차르(Amritsar)에서 열린 세계 종교 지도자들의 엘라이자 위원회(the Elijah Board of World Religious Leaders)의 3차 회의에서 이루어진 6개 세계 종교 대표자의 신앙 간 대화 모임에서 기독교의 입장을 제시하기 위해 작성한 것이다. 마지막으로 7장(공적 참여)의 내용은 2005년 조지타운 대학(Georgetown University)에서 열린 '새로운 종교적 다원주의와 민주주의'(New Religious Pluralism and Democracy)라는 주제의 학회에서 처음 강연한 것이다. 이 책의 내용을 준비하고 발전시킬 기회가 되었던 모든 분과 모임, 학회 그리고 여러 기회를 조직해 주고 참여해 준 모두에게 감사의 빚을 졌다.

나는 이 책을 위해서 모든 내용을 자유롭게 편집했다. 아름다운 아드리아 해가 내려다보이는 크로아티아의 숲이 우거진 울리안(Ugljan) 섬에 있는 나의 작은 집은 이러한 작업을 하기에 최상의 장소였다. 내 누이인 블라스타(Vlasta)와 어머니 미라(Mira) 그리고 사촌인 다니엘라(Daniela)와 마리오(Mario)는 내가 글에 집중할 수 있도록 집안일을 맡아 주었고 내 아들 나타나엘(Nathanel)과 아론(Aaron)을 돌봐 주었다. 멀리 뉴 헤이븐(New Haven)에서 라이언 맥애널리-린즈(Ryan McAnnally-Linz)는 최고의 연구조교로서 실력을 다시 한 번 입증했다. 그의 효율적인 사무 처리와 풍부한 지식, 사려 깊은 태도와 건설적인 비판은 내게 큰 도움이 되었다. 나는 이들 모두에게 깊이 감사한다. 이 책이 빛을 보도록 해주고 또한 인내하며 기다려준 밥 호새크(Bob

Hosack)와 브라조스 출판사(Brazos Press)의 모든 팀에게 깊이 감사한다.

마지막으로 이 책을 내 친구인 스키프 마스배크(Skip Masback)에게 헌정한다. 그는 나와 함께 계곡과 높은 봉우리를 함께 다니며 우리의 신앙이 인간 번영과 공공선을 위해 봉사하는 모습을 보고자 하는 열정을 함께 나누었다.

주

서론

1. Mark Lilla, *The Stillborn God* (New York: Knopf, 2007), p. 309. 「사산된 신」(바다출판사).
2. 종교적 전체주의가 전체주의의 유일한 형태가 아니라는 사실을 기억할 필요가 있다. 지난 세기 많은 피를 흘린 전체주의 체제인 나치주의, 스탈린주의, 마오쩌둥주의는 전혀 종교적인 특성을 보이지 않았다.
3. 쿠트브에 대해서는 John L. Exposito, *The Future of Islam* (Oxford: Oxford University Press, 2010), pp. 67-68를 보라.
4. 기독교 재건주의(Christian Reconstructionism)에 관해서는 John Pottenger, *Reaping the Whirlwind* (Washington, DC: Georgetown University Press, 2007) pp. 208-239를 보라.
5. 정치적 다원주의에 대한 이슬람교 내의 논쟁에 대해서는 Feisal Abdul Rauf, *What's Right with Islam* (New York: Harper Collins, 2004)을 보라.
6. Sayyid Qutb, *Milestones* (Chicago: Krazi, 2007), p. 90.
7. 같은 책 p. 2.
8. 같은 책 p. 14.
9. 같은 책 p. 89.

10. 「이정표」(Milestones)의 끝에서 쿠트브는 오늘날 세계에서의 근본적인 투쟁은 경제적·정치적·문화적 투쟁이 아니라 종교적인 투쟁이라고 강조했다. "신앙인들과 그들의 적들과의 투쟁은 본질적으로 신앙의 투쟁이며 다른 어떤 문제의 다른 어떤 방식의 투쟁도 아니다. 적들은 그들의 신앙 때문에 분노하고 있으며 그들의 믿음 때문에 격분하는 것이다. 이것은 정치적이거나 경제적이거나 인종적인 투쟁이 아니다. 이런 것이었다면 문제 해결은 쉬울 것이고 난제들을 해결하는 방법은 단순했을 것이다. 그러나 본질적으로 이것은 신앙의 싸움이며 불신인가 신앙인가 혹은 자힐리야인가 이슬람인가를 놓고 벌어지는 싸움이다"(같은 책 p. 110).
11. 같은 책 p. 81.
12. 기독교 역사에서의 한 예는 1525년 독일농민전쟁의 지도자였던 토마스 뮌처(Thomas Muntzer)가 될 것이다.
13. H. Richard niebuhr, *Christ and Culture* (1956; repr., New York: Harper-Collins, 2001). 「그리스도와 문화」(IVP).
14. 그리스도인과 무슬림에 관해 종교적 배타주의의 입장과 정치적 기획으로서 다원주의를 포용하는 입장의 관계에 대해서는 Miroslav Volf, *Allah* (San Francisco: HarperOne, 2011) 12장을 보라. (IVP 역간 예정).

1장 | 신앙의 기능장애

1. Friedrich Nietzsche, *Twilight of the Idols and The Anti-Christ*, ed. Michael Tanner, trans. R. J. Hollingdale (1888; repr. London: Penguin, 2003). 「안티크리스트」(책세상).
2. 같은 책 p. 128.
3. 이러한 주장에 대해서는 Pope John Paul II, *Evangelium vitae* (1995), http://www.vatican.va/edocs/ENG0141/INDEX.HTM을 보라.
4. 이러한 주장에 대해서는 Alexander Sanger, *Beyond Choice* (New York: Public Affairs, 2004)를 보라.
5. 이 구분에 대해서는 Friedrich Heiler's Prayer (1932; repr., Oxford: Oneworld, 1997), 6장을 보라.

6. Muhammad Iqbal, *The Reconstruction of Religious Thought in Islam* (Lahore: Sang-E-Meel, 1996), p. 111.
7. *Engaged Buddhism*, ed. Christopher S. Queen and Sallie B. King (Albany: State University of New York Press, 1996)을 보라.
8. Friedrich Nietzsche, *The gay Science*, trans. Walter Kaufmann (New York: Vintage, 1974), p. 182. 「즐거운 학문 메시나에서의 전원시 유고」(책세상).
9. 우상으로의 대체에 관해서는 Moshe Halbertal and Avishai Margalit, *Idolatry*, trans. Naomi Goldbloom (Cambridge, MA: Harvard University Press, 1992), pp. 40-44를 보라.
10. Joel Osteen, *Become a Better You* (New York: Free Press, 2007), p. 37를 보라. 「잘 되는 나」(긍정의 힘).
11. Thomas Aquinas, *Summa Theologiae* IaIIae.71.5, 72.6을 보라.
12. Max Weber, *The Protestant Ethic and the Spirit of Capitalism*, trans. Talcott Parsons (1905; repr., London: Routledge, 2002), p. 123. 「프로테스탄티즘의 윤리와 자본주의 정신」(길) 그리고 Miroslav Volf, *Captive to the Word of God* (Grand Rapids: Eerdmans, 2010), 5장을 보라. 「하나님의 말씀에 사로잡혀」(국제제자훈련원).
13. Zygmunt Bauman, *Life in Fragments* (Oxford: Blackwell, 1995), pp. 259-262.
14. 명령에 따르고 사회적인 역할을 다하고자 하는 인간의 경향에 대한 논란의 여지는 있지만 탁월한 연구로 Stanley Milgram, *Obedience to Authority* (New York: Harper & Row, 1974)와 Philip Zimbardo, "The Power and Pathology of Imprisonment," Cong. Rec. 15 (October 25, 1971)를 보라.
15. 진정한 신에 대한 신앙이 상실되면 무신론이 아니라 일종의 다신론이 뒤따르게 된다는 주장에 관해서는 H. Richard Niebuhr, *Radical Monotheism and Western Culture with Supplementary Essays* (London: faber and Faber 1960), pp. 31-38, pp. 95-96를 보라.
16. Christian Scharen, *Faith as a Way of Life* (Grand Rapids: Eerdmans,

2008), pp. 14-26.
17. Karl Marx, "Towards a Critique of Hegel's *Philosophy of Right*," in *Karl Marx*, ed. David McLellan (Oxford: Oxford University Press, 2000), p. 72. 「헤겔 법철학 비판」(이론과실천).
18. Nicholas Wolterstorff, "The Role of Religion in Decision and Discussion of Political Issues", in *Religion in the Public Squre*, ed. Robert Audi and Nicholas Wolterstorff (Lanham, MD: Rowman & Littlefield, 1997), pp. 67-120를 보라.
19. 무슬림이 그리스도인과 다른 신을 믿으며 다른 도덕적 세계 안에 살고 있기 때문에 그들을 도덕적으로 설득하거나 타협할 수 없고 그들과 싸워야 한다는 주장에 대한 비판으로는 Volf, *Allah*를 보라.
20. Sam Harris, *The End of Faith* (New York: W. W. Norton, 2004), p. 23. 「종교의 종말」(한언).
21. Plato, *Crito* 49a-e를 보라. 「크리톤」(이제이북스).

2장 | 나태함

1. Claus Westermann, *Genesis 1-11*, trans. John J. Scullion (Minneapolis: Fortress, 1994), pp. 139-46; Claus Wastermann, *Blessing in the Bible and the Life of the Church*, trans. Keith Crim (Philadelphia: Fortress, 1978), p. 59를 보라. 「축복」(소망사).
2. Rhonda Byrne의 유명한 책 *The Secret* (New York: Atria, 2006), 「시크릿」(살림Biz) 그리고 후속작인 *The Power* (New York: Atria, 2010)가 대표적인 사례다. 「시크릿 더 파워」(살림).
3. Miroslav Volf, *Free of Charge* (Grand Rapids: Zondervan, 2006), 1장을 보라. 「베풂과 용서」(복있는사람).
4. Olive Wyon, *The School of Prayer* (Philadelphia: Westminster, 1944), pp. 28-35를 보라.
5. 이러한 전통에 대한 논의를 위해서는 Walter Brueggemann, *Theology of the Old Testament* (Minneapolis: Fortress, 1997), pp. 173-181. 「구약신학」

(기독교문서선교회). Westermann, *Blessing*, pp. 1-23를 보라.
6. Immanuel Kant, *Critique of Practical Reason*, trans. Mary Gregor (Cambridge: Cambridge University Press, 1997), 5.122-134. 「실천이성비판」(아카넷).
7. Miroslav Volf, *Work in the Spirit* (Oxford: Oxford University Press, 1991), p. 97를 보라.
8. Miroslav Volf, *The End of Memory* (Grand Rapids: Eerdmans, 2006), pp. 78-81를 보라.
9. 이와 관련하여 아우구스티누스는 잘 알려진 다음과 같은 말을 남겼다. "당신은 우리가 당신을 향해서 살도록 창조하셨으므로 우리 마음이 당신 안에서 안식할 때까지는 편안하지 않습니다." (Augustine, *Confessions* 1.1.1). 「성어거스틴의 고백록」(대한기독교서회).
10. 어떻게 일이 각 사람의 특별한 은사와 소명에 관계되는가에 대한 논의에 관해서는 Volf, *Work in the Spirit*을 보라. 나는 이 책에서 하나님의 일반적인 소명에 근거하여 일터의 신학을 구성하고 그것을 한 사회체제 안에서 개인이 위치에 따라 구체적으로 적용하는 방법을 취하지 않고 하나님이 각 개인에게 주시는 소명과 연결된 구체적인 은사에 우선적으로 근거하여 일터의 신학을 구성했다. 이렇게 하면 인간의 일을 훨씬 더 역동적으로 이해하는 가능성이 열리게 된다.
11. 교부들은 그리스도인에게 어떤 종류의 일을 하는 것이 허용되는가에 대한 깊은 성찰을 했다. 테르툴리아누스의 경우 군인이라는 직업과 우상을 제작하는 것과 연관된 여러 가지 활동에 대해 숙고했다. (Tertullian, *On Idolatry* 4-10, 19, http://www.ccel.org/ccel/schaff/anf03.iv.iv.ii.html를 보라.) 최근에 카를 바르트도 그리스도인에게 어떠한 일이 허용되는가에 대해 논의를 전개한 바 있다. Karl Barth, *Church Dogmatics* III/4, ed. G.W. Bromiley and T.F. Torrance (Edinburgh: T&T Clark, 1961), pp. 527-534를 보라.
12. 이 구분에 관해서는 Gregory M. Reichberg, "Jus ad Bellum," and Nicholas Rengger, "The Jus in Bello in Historical and Philosophical Perspec-

tive," in *War*, ed. Larry May (Cambridge: Cambridge University Press, 2008), pp. 11-46를 보라.
13. 이 주제에 대한 더 깊은 논의는 4장을 보라.
14. Lewis Carroll, *Through the Looking Glass* (London: Macmillan, 1871), p. 46. 「거울나라의 앨리스」(현대문학). 이 주제를 전도서와 관련하여 설명한 것은 Miroslav Volf, *Captive to the Word of God* (Grand Rapids: Eerdmans, 2010), 5장을 보라.
15. 인간의 모든 노력의 덧없음에 대한 감동적인 논의를 위해서 Alexander Schmemann, *The Eucharist*, trans. Paul Kachur (Crestwood, NY: St. Vladimir's Seminary Press, 1988), p. 127를 보라. 「하나님 나라의 성찬」 (새세대).
16. John Paul II, *Laborem exercens* (1981), http://www.vatican.va/edocs/ENG0217/_INDEX.HTM과 Volf, *Work in the Spirit*, pp. 98-102를 보라.
17. 더 깊은 논의를 위해서는 Volf, *Work in the Spirit*, pp. 96-98를 보라.

3장 | 강요

1. Douglas Johnston and Cynthia Sampson, *Religion, the Missing Dimension of Statecraft* (New York: Oxford University Press, 1994).
2. Mark Jurgensmeyer, *Terror in the Mind of God: The Global Rise of Religious Violence* (Berkeley: University of California Press, 2000).
3. Scott R. Appleby, *The Ambivalence of the Sacred* (Lanham, MD: Rowman & Littlefield, 1999), p. 2. 지식에 관한 이론들이 보여 주는 바와 같이 종교전쟁이 유럽 사회를 세속화하는 영향력은 일상적인 문제로부터 멀리 떨어진 영역에까지 미쳤다. 스티븐 툴민(Stephen Toulmin)이 「코스모폴리스」 (*Cosmopolis*, 경남대학교 출판부)에서 주장한 바와 같이 근대성은 단지 전통과 미신의 어두움을 철학적·과학적 이성의 빛으로 몰아내려는 근대주의자들의 노력의 결과인 것만은 아니다. 데카르트가 지식을 획득하는 유일한 바른 방법을 '발견'한 것이 "유럽 대부분의 지역에서 모든 사람이 다만 그들의 종교

를 싫어할 뿐인 사람들에 의해 목숨의 위협을 받고 집이 불타게 되는 것을 경험하는" 때에 일어났다는 점은 우연의 일치가 아니었다. [Stephen Toulmin, *Cosmopolis* (New York: Free Press, 1990), 17] 진리를 수립하는 데 있어서 특정한 종교에 대한 충성심으로부터 독립되고 어떤 종교로부터도 중립적인 새로운 방법이라는 것은 교조주의적인 주장에 의해 불붙여진 전쟁에 대한 매력적인 대안이었을 것이다(같은 책 p. 70).

4. '종교전쟁'에 대한 다른 해석에 관해서는 William T. Cavanaugh, *The Myth of Religious Violence* (Oxford: Oxford University Press, 2009), pp. 123-180를 보라.

5. 이 문제에 관한 조사로는 Gottfried Maron, "Frieden und Krieg: Ein Blick in die Theologie-und Kirchengeschichte," in *Glaubenskriege in Vergangenheit und Gegenwart*, ed. Peter Herrmann (Goettingen: Vandenhoeck und Ruprecht, 1996), pp. 17-35를 보라. 그리고 Karlheinz Deschner, *Kriminalgeschichte des Christentums*, 9 vols. (Reinbeck: Rowohlt, 1986-)와 이 책에 대한 반론인 H.R. Seeliger, ed., *Kriminalgeschichte des Christentums? Karlheinz Deschners Kirchengeschichte auf dem Pruefstand* (Freiburg: Herder, 1993)를 보라.

6. 이 책에서 사용한 '심층적'과 '표층적'이라는 용어의 사용에 대해 가장 잘 설명하는 방법은 다른 사람들의 용법과 비교하는 것이다. 클리퍼드 기어츠(Clifford Geertz)는 그의 *Interpretation of Cultures* (New York: Basic Books, 1974), pp. 3-30에서 '심층적'과 '표층적'이라는 한 쌍의 대립되는 용어를 널리 사용했다. 「문화의 해석」(까치). 그는 길버트 라일(Gilbert Ryle)로부터 이 용어를 가져왔다. 두 사람 모두 이 용어를 같은 현상에 대한 '심층적 기술' 혹은 '표층적 기술'이라는 결합된 표현으로 사용했다. 표층적 기술의 전형적인 예는 '오른쪽 눈꺼풀을 빠르게 수축시키는 것'이며 심층적 기술의 예는 '순진한 사람에게 뭔가 음모가 진행 중이라고 생각하게 하기 위하여 가짜로 윙크를 하는 친구를 비꼬며 흉내 내고 있는 것'이다 *Thick and Thin* (Notre Dame: University of Notre Dame Press, 1994)에서 마이클 월저(Michael Walzer)는 '심층적'과 '표층적'이라는 표현의 의미를 수정해서 도덕

적 논증에 적용했다. 그는 "나는 도덕적 논증에 대한 심층적 기술을 해야 한다고 주장하려는 것은 아니다. 오히려 그 자체로 심층적인 논증을 가리키고자 하는 것이다. 즉 풍부한 관계성을 가지고 다른 문화들과 공명하면서도 지역적으로 구체화된 상징체계나 의미의 네트워크 안에 자리 잡은 논증들을 지시하는 것이다. '표층적'이라는 표현은 단순히 '심층적'에 대한 반대말로 사용했다. (xi N1)." (더 최근의 사례이며 '심층적'과 '표층적'이라는 용어에 대한 또 다른 의미를 부여하여 '심층적 관계는 가까이에 있는 친근한 관계를 일반적으로 가리키고' '표층적 관계는 낯설고 멀리 있는 사람과의 관계를 일반적으로 가리키는' 용례에 대해서는 Avishai Margalit, *The Ethics of Memory* [Cambridge, MA: Harvard university Press, 2002], p. 7, pp. 37-40를 보라.) 필자의 용법은 월저와 가깝고 월저가 도덕성과 관련하여 주장했던 것처럼 신앙에 대한 '표층적' 이해와 실천은 '심층적' 이해와 실천이 구체적인 내용을 잃고 추상화된 것을 말한다. '심층적'이라는 말은 예를 들어 하나님이 삼위일체라는 믿음을 표현하는 신자가 믿음은 예수 그리스도의 이야기에 의해 이해되어야 한다고 생각하면서 그에 따라 실천해야 하는 의무를 받아들이는 것이다. '표층적'이라는 말은 세르비아의 군인들이 승리의 사인같이 세 손가락으로 십자성호를 그으면서 신앙을 나타내고 있지만 바로 그 행동 때문에 깊은 의미는 상실되고 단지 그 행동이 문화적인 차이에 대한 공허한 표지에 지나지 않게 되는 것이다. 또는 미국의 예를 들자면 '표층적'이라는 것은 충성 서약에서 '신 아래'라는 말이 특정한 종교적인 내용이 탈색되어서 신학적 주장보다는 단지 문화적 전통으로 여겨지는 것이며 '심층적'이라는 것은 여기서 '신'이라는 말이 예수 그리스도의 하나님이거나 쿠란의 알라이어가 히브리 성서의 야훼를 가리키는 말로 이해되어 정교분리 조항에 따라 헌법정신에 위배되는 것으로 여겨지는 경우다(다음 사설을 보라. "Taking on the Pledge," *Christian Century*, July 17-30, 2002, p. 5). 월저와 필자의 용법이 유사하지만 구체적인 관심사는 다르다. 나는 어떻게 종교적인 실천의 '표층화'가 종교적 신념이 '심층적' 신앙이 가지고 있는 폭력에 대한 경계를 해체하여 폭력을 정당화하도록 오용되게 하는가를 드러내는 데 관심이 있고 월저의 관심은 도덕성은 처음부터 '심층적'이며 '표층적' 도덕성은 구체적인 상황 속에 나타나는 '심층적' 도덕성 안에 언제나 나타나는 보편적인 측면임을 보이는 것이다(Walzer, *Thick and Thin*, p. 4).

7. Miroslav Volf, *Exclusion and Embrace* (Nashville: Abingdon, 1996)를 보라. 「배제와 포용」(IVP).

8. 이 주제에 관해 다른 주장들도 있고 그중 몇 가지에 대해서는 간접적으로 다루게 될 것이다. 기독교의 폭력적 성격에 대한 한 가지 주장은 본래 종교 자체가 폭력적이라는 것이다. Jurgensmeyer의 *Terror in the Mind of God*은 종교에 대한 이러한 이해를 바탕으로 한 것이다. 그는 종교가 새롭게 정치적인 위상을 갖게 되는 과정에서 폭력이 수반되는 가장 중요한 이유는 "종교적 상상력의 본질이 우주적인 전쟁이라는 이미지를 절대화하고 그 이미지를 투사하는 경향이 있다"는 것과 관련된다고 주장한다(p. 242). 물론 우주적 전쟁이라는 것은 그 자체를 위한 것이 아니라 평화를 위한 것이다. 엄밀하게 말해서 우주적 전쟁의 이미지를 핵심에 담고 있는 현상으로서 종교는 "질서를 회복하고 삶을 긍정해 왔다"(p. 159). 그러나 평화를 추구하는 과정에서 종교가 피와 눈물의 자국을 남기지 않기 위해서는 종교 자체의 도구들만을 사용해서는 안 된다고 주장한다. 종교는 계몽주의의 가치가 시민사회에 부여한 합리성과 공정한 경쟁(fair play)의 정신이 필요하다는 것이다(p. 243). 그의 주장에 따르면 종교는 그 자체로서는 폭력적이므로 사회적으로 긍정적인 역할을 담당하기 위해서 계몽주의적인 가치에 의해 구원되어야 한다.

아우구스티누스, 토마스 아퀴나스 그리고 루터, 그밖에도 많은 위대한 신학자를 스승으로 가진 종교가 계몽주의 사상가들로부터 합리성을 배워야 한다는 주장은 합리성에 대한 좁은 이해를 드러내는 것이다. 그러나 적어도 합리성에 대한 이러한 설명이 불가능한 것은 아니다. 그러나 성 프란시스코를 위대한 성인으로 받아들이는 종교가 공정한 경쟁에 대해 그 자체 안에서 배울 만한 자원이 없으므로 계몽주의 사상가들로부터 빌려 와야 한다는 주장은 가능하지 않다. 이렇게 말이 안 되는 주장을 하게 되는 압력은 고유한 신앙적 가치에 대한 기독교의 신념이 '표층화'되어 우주적 전쟁의 이미지를 중심에 놓기 때문에 발생하는 것이다. 이러한 과정 속에서 기독교 신앙의 고유한 모든 것은 상실된다.

9. Regina Schwartz, *The Curse of Cain* (Chicago: University of Chicago Press, 1997), p. 63.
10. Jan Assmann, *Moses the Egyptian* (Cambridge, MA: Harvard University Press, 1997)을 보라. 「이집트인 모세」(그린비).
11. Željko Mardešić (Jakov Jukić), *Lica I maske svetoga* ("Faces and Masks of the Holy") (Zagreb: Kršćanska Sadašnjost, 1997), pp. 242-244.
12. 이러한 맥락에서 슈위츠를 비판하는 것에 대해서는 Miroslav Volf, "Jehovah on Trial," *Christianity Today*, April 27, 1998, pp. 32-35를 보라.
13. 이후에 이어지는 논의에 관해서는 Miroslav Volf, "'The Trinity is Our Social Program': The Doctrine of the Trinity and the Shape of Social Engagement," *Modern Theology* 14 (1998): pp. 403-423를 보라.
14. 「알라」(*Allah*)에서 나는 대접을 받기를 원하는 대로 이웃을 사랑하라고 명령하는 한 분이신 하나님에 대한 믿음은 일정한 조건 속에서는 정치적 기획으로서의 다원주의를 포용하게 된다고 주장했다(12장을 보라).
15. Rosemary Radford Ruether, *Sexism and God-Talk* (Boston: Beacon, 1983), p. 77.
16. Rowan Williams, *On Christian Theology* (Oxford: Blackwell, 2000), p. 68.
17. 같은 책, pp. 68-69.
18. John Milbank, *Theology and Social Theory* (Oxford: Blackwell, 1990)를 보라.
19. Jacques Derrida, *Spectres of Marx*, trans. Peggy Kamuf (New York: Routledge, 1994), p. 75.
20. John Caputo, *The Prayers and Tears of Jacques Derrida* (Bloomington: Indiana University Press, 1997), p. 74.
21. Derrida, *Spectres of Marx*, p. 90.
22. Freidrich Nietzsche, *Thus Spoke Zarathustra*, in *The Portable Nietzsche*, trans. Walter Kaufmann (New York: Penguin, 1954), p. 139, p. 253. 「차라투스트라는 이렇게 말했다」(책세상).

23. 조건성(conditionality)과 무조건성(unconditionality)의 관계에 관해서는 Volf, *Exclusion and Embrace*, pp. 215-216를 보라.
24. Richard B. Hays, *The Moral Vision of the New Testament* (San Francisco: HarperSanFrancisco, 1996), p. 175를 보라.「신약의 윤리적 비전」(IVP).
25. Richard Bauckham, *The Theology of the Book of Revelation* (Cambridge: Cambridge University Press, 1993), p. 74, p. 90를 보라.
26. 보편 구원에 대한 희망과 보편 구원에 대한 믿음 간의 중요한 차이에 관해서는 Han Urs von Balthasar, *Dare We Hope That All Men Will Be Saved?* trans. David Kipp and Lothar Krauth (San Francisco: Ignatius, 1988)를 보라.
27. Volf, *Exclusion and Embrace*, pp. 275-306를 보라.
28. Appleby, *Ambivalence of the Sacred*, p. 16.
29. 마이클 셀즈(Michael Sells)가 보스니아의 집단 학살과 종교의 관계에 관해 설명한 것[*The Bridge Betrayed: Religion and Genocide in Bosnia* (Berkeley: University of California Press, 1996)]은 극단적으로 기독교 신앙의 '표층적' 이해에 근거하고 있다. 이때 신앙은 경전과 최상의 전통에 헌신적인 살아 있는 믿음이라기보다 기독교 신앙의 기원과는 별로 관련 없는 문화적인 자원같이 기능한다. 이러한 표층화는 마이클 셀즈에 의한 것이 아니라 그의 연구의 대상이었던 사람들에 의해 일어난 것이다.
30. Margalit, *Ethics of Memory*, p. 100.
31. 개인적인 대화 내용이다.
32. John Milbank, *Being Reconciled: Ontology and Pardon* (London: Routledge, 2003), 28-37.

4장 | 인간의 변영

1. Josef Pieper, *Hope and History* (San Francisco: Ignatius, 1994), p. 20.
2. Jürgen Moltmann, *Theology of Hope*, trans. Margaret Kohl (San Francisco: HarperSanFrancisco, 1991),「희망의 신학」(대한기독교서회). (Jürgen

Moltmann, *The Coming of God*, trans. Margaret Kohl (Minneapolis: Fortress, 1996), p. 25. 「오시는 하나님」(대한기독교서회).
3. Philip Rieff, *The Triumph of the Therapeutic* (New York: Harper & Row, 1966), pp. 232-261를 보라.
4. Augustine, *Trinity* 13.10. 「삼위일체론」(크리스챤다이제스트).
5. 같은 책 13.8.
6. Augustine, *City of God* 19.17. 「신국론」(크리스챤다이제스트).
7. Charles Taylor, *A Secular Age* (Cambridge, MA: Harvard University Press, 2007), p. 245.
8. Karl Marx, *Critique of the Gotha Program*, in *Essential Writing of Karl Marx* (St. Peterburg, FL: Red and Black, 2010), p. 243. 「고타 강령 초안 비판」(박종철출판사).
9. Andrew Delbanco, *The Real American Dream* (Cambridge, MA: Harvard University Press, 1999), p. 77.
10. 희망의 범위가 하나님으로부터 멀어져 국가를 향할수록 줄어든다는 주장에 대한 반론들이 제기되어 왔다. 델반코는 국가적 이상은 하나님보다 작다고 주장했다. 델반코의 책에 대한 리뷰에서 리처드 로티(Richard Roty)는 반론을 제기한다. "휘트먼은 이렇게 묻지 않겠는가? 왜 우리 미국인들은 신이 우리가 꿈꾸는 자유롭고 정의로우며 이상적인 나라보다 더 광대하다는 신의 말을 받아들여야 하는가? 휘트만은 미합중국을 가장 위대한 시(詩)라고 불렀다. 그는 신은 덜 중요한 시라고 생각한 내러티브를 받아들인 것이다. 이것은 인류가 더 젊었을 때에도 그들의 필요에 적합한 것이었다. 그런데 이제 우리는 그때보다 더 성장했다(Richard Rorty, "I hear America Sighing," *New York Times Book Review*, November 7, 1999, p. 16). 한 나라라는 꿈과 신이라는 꿈, 어떤 것이 더 큰지에 대한 논쟁은 신이 실제로 존재하는가에 대한 질문과 연결되어 판단되어야 한다. 신이 존재하지 않는다는 가정하에서만 신은 어떻게 생각하든지 간에 한 나라보다 작다고 선언될 수 있다."
11. Herman Melville, *White Jacket-Or, the World in a Man-of-War* (1850; repr., New York: Plume, 1979), chap. 36.

12. Delbanco, *Real American Dream*, p. 96, p. 103.
13. 같은 책, p. 103.
14. Michael Oakeshott, "Political Education," in Michael Oakeshott, *Rationalism in Politics and Other Essays* (Indianapolis: Liberty, 1991), p. 48.
15. 이러한 상태에 대해 특히 우울하게 묘사하면서 아르투르 쇼펜하우어는 인간 존재에 있어서 오직 "순간적인 만족과 결핍에 의해 조건 지워진 비껴가는 기쁨만이 있으며 더 긴 고통과 끊임없는 투쟁, 모든 것이 사냥꾼이며 모든 것이 사냥감이 되고 압박감과 결핍, 필요와 불안, 비명과 울부짖음뿐이며 이것은 영원히 지속되거나 이 세계가 붕괴할 때까지 계속된다"고 썼다. (*The Worlds as Will and Representation*, trans. E. F. J. Payne [Mineola, NY: Dover, 1969] 2:354). 「의지와 표상으로서의 세계」(을유문화사).
16. Shakespeare, *Merchant of Venice* 2.6.12-13. 「베니스의 상인」(민음사).
17. 이러한 관찰은 '그랜트 연구'(Grant Study)의 핵심적인 결론의 하나와 잘 들어맞는다. 그랜트의 연구는 1937년에 하버드 대학교의 우수한 2학년생들을 대상으로 70년 이상 계속되어 역사상 가장 오래 지속되고 가장 철저하게 진행된 정신적·신체적 복지에 대한 종적 연구다. 오랫동안 연구 책임자를 맡아 온 조지 밸리언트(George Valliant)는 "그랜트 연구의 대상자들로부터 무엇을 배웠는가"라는 질문에 대해서 "삶에서 가장 중요한 것은 다른 사람들과 당신의 관계입니다"라고 대답했다(Joshua Wolf Shenk, "What Makes Us Happy?" *The Atlantic*, June 2009, 36). 만족의 문제에 적용해 보면 이것은 관계가 즐거움에 의미를 부여하며 의미가 없는 즐거움은 공허하게 된다는 것을 시사한다.
18. Delbanco, *Real American Dream*, p. 103.
19. Abu Hamid Muhammad al-Ghazali, *The Alchemy of Happiness*, trans. Claud Field (Gloucester: Dodo, 2008), xii.
20. Moses Maimonides, *The Guide of the Perplexed*, trans. Shlomo Pines (Chicago: University of Chicago Press, 1963), 1,2.
21. 같은 책, 3.51.

22. 같은 책, 3.54 Menachem Kellner, 이렇게 마이모니데스가 인간의 완벽함에 대해 설명하는 내용을 '지성주의적'으로 해석하는 것은 널리 퍼져 있기는 하지만 이에 대한 이견이 없는 것은 아니다. 대안적인 해석으로는 인간의 하나님 이해뿐만 아니라 인간의 하나님 사랑, 그리고 하나님에 대한 지식으로 변화된 존재로서 인간이 세상으로 '회귀'하여 '자비와 정의와 심판의 원리에 따라 자신의 사회를 다스리는 데에 참여하는 것'을 함께 강조하는 해석이 있다. "Is Maimonides's Ideal Person Austerely Rationalist?" *American Catholic Philosophical Quarterly* 76 (2002): pp. 125-143(p. 134에 인용)를 보라.
23. 중세와 르네상스 시대에 기독교인들에게 널리 퍼진 이슬람교에 대한 비난은 이슬람교가 '쾌락의 원리 위에 세워졌다'는 것이었다. 이러한 생각은 교황 피우스 2세가 오스만제국의 술탄 메흐메드 2세에게 보낸 서신에 잘 나타난다. Aeneas Silvius Piccolomini, *Epistola ad Mahomatem II* ("Epistle to Mohammed II"), ed. and trans. Altert R. Baca (New York: Peter Lang, 1990), p. 91를 보라.
24. Anthony T. Kronman, *Education's End* (New Haven: Yale University Press, 2007), 「교육의 종말」(모티브북).
25. 같은 책, p. 197.
26. al-Ghazali, *Alchemy of Happiness*, pp. 1-26를 보라.
27. Katerina Ierodiakonou, "The Study of Stoicism: Its Decline and Revival," in *Topics in Stoic Philosophy*, ed. Katerina Ierodiakonou (Oxford: Oxford University Press, 1999), pp. 1-22를 보라.
28. 이 글이 의도하는 바에 도움을 받기 위해 나는 세네카와 스토아철학자들에 대한 다음 책의 논지를 따르고 있다. Nicholas Wolterstorff, *Justice* (Princeton: Princeton University Press, 2008), pp. 146-179.
29. Friedrich Nietzsche, *Beyond Good and Evil* (New York: Vintage, 1989), p. 15. 「선악의 저편」(책세상).
30. Friedrich Nietzsche, *On the Genealogy of Morality*, ed. Keith Ansell-Pearson, trans. Carol Diethe (Cambridge: Cambridge University Press,

1994), p. 8. 「도덕의 계보」(책세상).
31. 이 마지막 주장은 니체가 서구의 노예 도덕에 대해 그의 고귀한 도덕을 선호하는 합리적인 이유를 대지 못한다 해도 유효하다. 왜냐하면 그는 무엇이 도덕적으로 옳고 그른지에 대한 객관적인 근거가 있다고 믿지 않았기 때문이다. Brian Leiter, "Nietzsche's Moral and Political Philosophy," *Stanford encyclopedia of Philosophy*, April 24, 2010, http://plato.stanford.edu/entries/nietzsche-moral-political/를 보라.
32. 미국의 십 대들이 하나님을 '신성한 집사'와 '우주적 치료사'로 여기는 문제에 관해 Christian Smith, *Soul Searching* (Oxford: Oxford University Press, 2005), p. 165를 보라.
33. Terry Eagleton, "Culture and Barbarism: Metaphysics in a Time of Terrorism," *Commonweal*, March 27, 2009, p. 9.
34. Terry Eagleton, *The Meaning of Life* (Oxford: Oxford University Press, 2007), p. 35. 고등교육기관에서 삶의 의미에 대한 질문을 다루는 데 있어서 포스트모더니즘의 영향에 대한 이 논점과 병행하는 비판에 관해서는 Kronman, *Education's End*, pp. 180-194를 보라.
35. 아우구스티누스를 이렇게 해석하는 입장에 대해서는 Oliver O'donovan, *The Problem of Self-Love in St. Augustine* (New Haven: Yale University Press, 1980), and Wolterstorff, *Justice*, pp. 180-206를 보라.
36. 인간의 번영이 인생을 잘 사는 것과 잘되는 것의 결합에 있다는 생각은 Wolterstorff, *Justice*, p. 221에서 가져온 것이다.
37. Augustine, *Sermon 100* (150) p. 7.

5장 | 정체성과 차이

1. 이 장의 내용은 James Davison Hunter의 *To Change the World* (Oxford: Oxford University Press, 2010)의 내용과 유사하다. 이 장은 내가 1990년대 중반에 쓴 다음의 글들에 기초한 것이다. "Soft Difference: Theological Reflections on the Relation between Church and Chulture in 1 Peter," *Ex Auditu* 10 (1994): pp. 15-30 (repr., Volf, *Captive to the Word of God*,

chap. 2); "Christliche Identität und Differenz: Zur Eigenart der christilichen Präsenz in den modernen Gesellschaften," *Zetschrift für Theologie und Kirche* 3 (1995): pp. 357-375 and "When Gospel and Culture Intersect: Notes on the nature of Christian Difference," in *Pentecostalism in Context*, ed. Wonsuk Ma and Robert P. Menzies (Sheffield: Sheffield Academic Press, 1997), pp. 223-236.

2. Max Weber, "The Protestant Sects and the Spirit of Capitalism," in *From Max Weber*, ed. H. H. Gerth and C. Wright Mills (1948; repr., New York: Routledge, 1998), p. 305.

3. Niklas Luhman, *Funktion der Religion* (Frankfurt:Suhrkamp, 1977), p. 236를 보라.

4. Peter Berger, *The Heretical Imperative* (Garden City, NY: Anchor, 1979), pp. 11-17, pp. 26-32를 보라.

5. 특정한 종교집단에 참여하는 것을 선택하는 것이 사람들이 시장에서 선택하는 것과 엄밀한 의미에서 유사하다고 설명하는 것은 부적절하다. [그러므로 Hans Joas, *Do We Need Religion? On the Experience of Self-Transcendence*, trans. Alex Skinner (Boulder: Paradigm, 2008) pp. 28-29의 주장에 반대한다.]

6. Max Weber, "The Social Psychology of the World Religions," in Gerth and Mills, *From Max Weber*, p. 288.

7. Fredrick Barth가 편집한 *Ethnic Groups and Boundaries* (1969; repr., Long Grove, IL: Waveland, 1998)의 서론을 보라.

8. Anthony P. Cohen, *The Symbolic Construction of Community* (London: Routledge, 1985); Alan Wolfe, "Democracy Versus Sociology: Boundaries and Their Political Consequences," in *Cultivating Differences*, ed. Michèle Lamont and Marcel Fournier (Chicago: University of Chicago Press, 1992), pp. 309-325.

9. Ernst Troeltsch, *The Social Teaching of the Christian Churches*, trans. Olive Wyon (1911; repr., Chicago: University of Chicago Press, 1981),

1:331-343.

10. 존 하워드 요더(John Howard Yoder)가 리처드 니버(H. Richard Niebuhr)의 기독교와 문화의 관계의 유형 중 '문화와 대립하는 그리스도'에 대해 비판한 것은 트뢸치의 '종파' 개념과 매우 유사하다. John Howard Yoder, "How H. Richard Niebuhr Reasoned: A Critique of *Christ and Culture*," in Glen H. Stassen, D. M. Yeager and John Howard Yoder, *Authentic Transformation: A New Vision of Christ and Culture* (Nashville: Abingdon, 1996), pp. 31-90를 보라.

11. 어떤 사회학자들은 다원주의가 신앙의 침식을 가져온다고 주장해 왔다. Peter berger, *A Far Glory* (New York: Free Press, 1994)와 이와 유사한 Hunter, *To Change the World*, p. 203를 보라. 호세 카사노바가 개인적인 대화에서 내게 지적해 주었듯이 인도와 미국은 위의 주장에 대한 반론을 제기하는 좋은 예다. Joas, *Do We Need Religion?* pp. 21-35를 보라.

12. Troeltsch, *Social Teaching*, 1:335, 344를 보라.

13. 신학적인 관점에 따른 기능 분화에 대한 논의에 관해서는 Michael Welker, *God's Spirit*, trans. John F. Hoffmeyer (Minneapolis: Augsburg Fortress, 1994), pp. 29-31를 보라.

14. Anthony Giddens, *Runaway World* (New York: Routledge, 2003)를 보라.

15. Texas A&M University Department of Communications의 조교수인 Heidi Campbell과 개인적으로 교환한 서신(October 23, 2010)에 의한 내용이다.

16. 이 글의 뒷부분에서 나는 작게나마 가능한 변화를 추구해야 할 중요한 신학적인 이유들에 대해 강조할 것이다.

17. Berger, *Far Glory*, pp. 3-24를 보라.

18. Stanley Hauerwas and William H. Willimon, *Resident Aliens* (Nashville: Abingdon, 1989), p. 27.

19. Nicholas Wolterstorff, *What New Haven and Grand Rapids Have to Say to Each Other* (Grand Rapids: Calvin College and Calvin Theologi-

cal Seminary, 1993), p. 2.
20. George Lindbeck, "Scripture, Consensus, and Community," in *Biblical Interpretation in Crisis*, ed. Richard John Neuhaus (Grand Rapids: Eerdmans, 1989), 74-101; George Lindbeck, *The Nature of Doctrine* (Louisville: Westminster John Knox, 1984).
21. Wolterstorff, *New Haven and Grand Rapids*, p. 45.
22. 이것이 한스 프라이(Hans Frei)가 ad hoc correlation을 선호하는 논지의 핵심이다. Hans Frei, *Types of Christian Theology* (New Haven :Yale University Press, 1992), pp. 70-91를 보라.
23. 이것은 맞는 말이지만 또한 기독교 신앙의 바로 그 핵심에 대한 설명은 여러 세기에 걸쳐 변화해 온 것도 사실이다. 물론 근본적인 요소들은 동일하게 남아서 역사적인 신조들, 예를 들어 니케아신조나 칼케돈신조 안에 잘 모셔져 있다. 성경의 이야기에 의해 틀이 지어지고 위대한 신조들과 신앙고백에 의해 인도되면서 그리스도인은 그들이 어떻게 하나님의 계시를 이 세상 속에서 과학을 통해 혹은 다른 종교들을 통해 발견하게 되는 것들에 비추어 이해할 수 있을지에 대해 계속 테스트를 받을 것이고 가능하면 수정하기도 할 것이다. [William Stacey Johnson, *The Mystery of God* (Louisville: Westminster John Knox, 1997)을 보라.]
24. Dietrich Bonhoeffer, *Discipleship*, ed. Geffrey B. Kelly and John D. Godsey, trans. Barbara Green and Reinhard Krauss (Minneapolis: Fortress, 2001), p. 259. 「나를 따르라」(대한기독교서회) 또한 Ernst Feil, *Die Theologie Dietrich Bonhoeffers* (München: Kaiser, 1971), pp. 223-232를 보라.
25. Bonhoeffer, *Discipleship*, pp. 250-251.
26. 같은 책, p. 251, Christian Friedrich Richter의 찬송시를 인용하며.
27. Michael de Certeau, *The Practice of Everyday Life*, trans. Steven Rendall (Berkeley: University of California Press, 1984), xiv.
28. 같은 책, p. 32.
29. Karl Marx, *Grundrisse*, trans. Martin Nicolaus (London: Penguin,

1973), p. 92. 「정치경제학 비판 요강」(그린비).
30. 폴 블룸(Paul Bloom)은 즐거움이란 우리가 즐거움을 얻게 되는 대상의 물리적인 특징의 기능에 지나지 않는 것이 아니라 그 대상에 대한 우리 자신의 인식과 해석이라고 주장했다. Paul Bloom, *How Pleasure Works* (New York: W.W. Norton, 2010)를 보라. 나는 적어도 배고픔을 포함한 고통의 어떤 형태에 대해서 같은 주장을 할 수 있을 것이라고 생각한다.
31. Georg W. F. Hegel, *Phenomenology of Spirit*, trans. A.V. Miller (Oxford: Oxford University Press, 1977), 4.184를 보라. 「정신현상학」(한길사).
32. 기초로부터 문화적·지적인 삶을 재건하려는 시도로서의 근대성에 대해서는 Toulmin, *Cosmopolis*를 보라.
33. '미래에 대한 우리의 기대를 하나님의 계획'과 동일시하는 것을 수반하는 묵시주의에 관해서는 다음을 보라. Charles Mathewes, *A Theology of Public Life* (Cambridge: Cambridge University Press, 2007), pp. 38-42, pp. 205-208.
34. Ludwig Wittgenstein, *Philosophical Investigations*, trans. G. E. M. Anscombe (New York: Macmillan, 1973), p. 8. 「철학적 탐구」(책세상).
35. Volf, *Exclusion and Embrace*, pp. 65-66.

6장 | 지혜를 나누며

1. Delbanco, *Real American Dream*.
2. Jonathan Fox, "religion and State Failure," *International Political Science Review* 25 (2004): 55-76; Jonathan Fox, "The Rise of Religious Nationalism and Conflict," *Journal of Peace Research* 41 (2004), pp. 715-731; David Herbert and john Wolffe, "Religion and Contemporary Conflict in Historical Perspective," in *Religion in History*, ed. John Wolffe (Manchester: Manchester University Press, 2004), pp. 286-320를 보라.
3. 최근에 나온 기독교의 지혜에 관한 주목할 만한 책으로 David F. Ford, *Christian Wisdom* (Cambridge: Cambridge University Press, 2007)이

있다.
4. 기독교 신앙을 삶의 방식으로 이해하는 것에 관해서는 Miroslav Volf, *Against the Tide* (Grand Rapids: Eerdmans, 2010), pp. 82-85와 Scharen, *Faith as a Way of Life*를 보라. 대부분의 무슬림은 이슬람교를 삶의 방식으로 이해한다. 물론 그리스도인과 무슬림은 각각 다른 의미로 삶의 방식을 이해할 뿐 아니라, 앞서 이슬람교를 삶의 방식으로 여기는 주장에 대해 설명하면서 다룬 사이드 쿠트브 같은 극단주의자처럼 여러 종교 역시 삶의 방식을 각각의 종교 안에 있는 고전적 전통에 충실한 사람들과 다르게 이해한다. 그럼에도 대부분의 무슬림과 그리스도인에게 그들의 '종교'는 하나의 신념 체계나 의식 체계가 아니라 현재 세상 속에서 살아내야 할 방식이다. '삶의 방식'이라는 용어가 그 의미를 상실하였고, 급진적 이슬람에 대한 반대를 정당화하는 정치적 수사가 된 것은 매우 흥미로운 일이다. 일부 서구 정치가들은 급진적 이슬람을 우리의 삶의 방식에 대한 위협으로 본다. (President George W. Bush의 2001년 9월 20일부터 열린 양원합동회 연설을 보라. http://www.washingtonpost.com/wp-srv/nation/specials/attacked/transcripts/bushaddress_092001.html 참고.)
5. Jan Assmann, *Die Mosaische Unterscheidung* (Munich: Carl Hanser, 2003)와 Assmann, *Moses the Egyptian*을 보라.
6. 대위임령에 관해서는 David J. Bosch, "The Structure of Mission," in *Exploring Church Growth*, ed. Wilbert R. Shenk (Grand Rapids: Eerdmans, 1983), 218-248; Peter T. O'Brien, "The great Commission of Matthew 28:18-20," *Reformed Theological Review* 35 (1976): 66-78; Tom Wright, *Matthew for Everyone: Part Two* (Louisville: Westminster John Knox, 2004), pp. 204-220를 보라. 「모든 사람을 위한 마태복음 2」(IVP).
7. 나눔의 동기로서 가장 큰 계명의 의미에 대해서는 Augustine, *On Christian Doctrine* 1.26, 27-29, 30; Augustine, *Letter 130* 14를 보라.
8. William Carey, *An Enquiry into the Obligations of Christians to Use Means for the Conversion of the Heathens* (Leicester: Ann Ireland, 1792). 「이교도 선교방법론」(미션아카데미).

9. Catherine Cookson, ed., *The Encyclopedia of Religious Freedom* (London: Routledge, 2003)을 보라. 세계종교자유에 관한 미합중국위원회(The U.S. Commission on International Religious Freedom)는 전 세계적 종교 자유와 박해의 현황을 평가하는 연례보고서를 발간한다. http://www.uscirf.gov를 보라.
10. 경쟁 없이 베푸는 방법에 관해서는 Kathryn Tanner, *Jesus, Humanity, and the Trinity* (Minneapolis: Fortress, 2001), pp. 90-94을 보라.
11. 교회의 탄생으로 오순절을 해석하는 것에 관해서는 Jürgen Moltmann, *The Church in the Power of the Spirit* (Minneapolis: Fortress, 1993)을 보라. 「성령의 능력 안에 있는 교회」(한국신학연구소).
12. 가장 극심한 사례는 아메리카의 정복이다. Bartolome de las Casas, *The Devastation of the Indies* (Baltimore: Johns Hopkins University Press, 1992), 「인디아스 파괴에 관한 간략한 보고서」(시타델퍼블리싱); George E. Tinker, *Missionary Conquest* (Minneapolis: Augsburg Fortress, 1993); Josep M. Barnadas, "The Catholic Church in Colonial Spanish America," and Eduardo Hoonaert, "The Catholic Church in Colonial Brazil," in *Colonial Latin America*, vol. 1, *The Cambridge History of Latin America*, ed. Leslie Bethell (Cambridge: Cambridge University Press, 1984), pp. 511-540 and pp. 541-556를 보라. 또한 이제는 고전이 된 Tzvetan Todorov의 *The Conquest of America* (New York: Harper & Row, 1984)를 보라.
13. Barth, *Church Dogmatics* IV/3.2, p. 797를 보라. 「교회교의학 4/3-2」(대한기독교서회).
14. 이것은 엄밀하게 말해서 그리스도인들은 지혜를 소유하고 있지 않다는 사실에 대한 표현이다. 그리스도가 육신이 되신 지혜이므로 오히려 그 반대이다. 바르게 이해한다면 그리스도의 지혜로 소유된 것이며 따라서 그들 자신이 지혜로운 것이 아니라 지혜가 그들 안에 거하시는 정도만큼 지혜로운 것이다.
15. 일상적인 교환의 점증하는 상품화에 관해서는 Susan Strasser, ed., *Com-*

modifying Everything (London: Routledge, 2003)에 실린 글들을 보라.
16. 인간의 삶에서 선물을 주는 것의 중요성에 관해서는 Volf, *Free of Charge*, pp. 55-126를 보라.
17. 사도 바울은 그의 사도적 직무에 대해서 보수를 받을 권리가 있다고 생각했지만 사례를 받기를 거절했다(행 20:33-35; 고전 9:1-18; 살후 3:8). 잘 알려진 것같이 소크라테스는 그의 봉사에 대해 사례를 받으려 하지 않았다. Plato, *Apology* 19d-e, 「소크라테스의 변론」(숲).
18. Volf, *Free of Charge*를 보라.
19. Plato, *Theaetetus* 148e-150e를 보라.
20. Soren Kierkegaard, *Philosophical Fragments*, trans. David F. Swenson and Howard V. Hong (Princeton: Princeton University Press, 1962), pp. 11-45를 보라. 「철학의 부스러기」(프리칭아카데미).
21. 신앙의 근본으로서 '들음'(hearing)에 관해서는 Ratzinger (Benedict XVI), *Introduction to Christianity*, pp. 90-92를 보라. 「그리스도 신앙」(분도출판사).
22. 이 주제에 대한 문학적 탐구에 관해서는 Paer Lagerkvist, *Barabbas*, trans. Alan Blair (New York: Vintage, 1989)를 보라.
23. 예를 들어 사이드 쿠트브는 서구에 살면서도 그리스도인들과의 논쟁에 나섰고 그리스도인에게 기독교가 말이 되지 않는다는 것을 입증하기 위해 다음과 같이 분명히 말했다. "삼위일체, 원죄, 희생, 구원 같은 개념을 보라. 이 개념은 이성이나 양심과 조화될 수 없다"(Qutb, *Milestones*, p. 95).
24. 제자들이 그리스도를 이해하는 능력에 대해서는 대면하게 되는 것과 받아들여지는 것 사이에 친화성이 필요다는 확신을 전제했던 프리드리히 니체의 비판적인 의견을 보라[Nietzsche, *Twilight of the Idols and The Anti-Christ*, p. 157. 「우상의 황혼」「안티크리스트」(책세상)]. 그리고 Volf, *Exclusion and Embrace*, pp. 254-258를 보라.
25. Kierkegaard, *Philosophical Fragments*, pp. 14-15.
26. 이와 관련하여 Werner W. Jaeger, *Early Christianity and Greek Paideia* (Cambridge, MA: Harvard University Press, 1961); and Jaroslav Pe-

likan, *Christianity and Classical Culture* (New Haven: Yale University Press, 1993)를 보라.

27. 기독교 신앙으로 이해된 주제들의 필요에 맞도록 그리스 철학에서 채택된 용어들이 변화되는 문제에 관해서 다른 많은 학자 중 John D.Zizioulas, "The Doctrine of the Holy Trinity: The Significance of the Cappadocian Contribution," in *Trinitarian Theology Today*, ed. Christoph Schwobel (Edinburgh: T&T Clark, 1995), pp. 44-60를 보라.

28. 문화화(inculturation) 과정에서 나타나는 주고받음의 현상에 관해서는 Chibueze Udeani, *Inculturation as Dialogue* (New York: Rodopi, 2007), pp. 130-133를 보라.

29. Justin Martyr, *First Apology*, p. 46.

30. Paul Tillich, *Systematic Theology* (Chicago: University of Chicago Press, 1963), 3:214. 「조직신학」(한들출판사).

31. 무슬림으로부터 그리스도인이 배우는 문제에 대해서 나는 「알라」에 다음과 같이 썼다. "각각의 신앙은 믿음과 실천의 저장고를 가지고 있다. 특정한 시간이나 장소에서 하나의 신앙은 그 저장고에서 어떤 주제들을 앞에 내세우고 다른 주제들은 밑바닥에 놓아 둘 수 있다. 예를 들어 '신에 대한 복종'이라는 이슬람교의 핵심 주제는 서구의 많은 그리스도인에게는 달갑지 않은 멜로디다. 이것은 서구의 평등주의적인 문화적 감성과 반대다. 그러나 또한 이것은 역사적인 기독교의 저장고에서 핵심적이고 자주 실현되어 온 부분이기도 하다. 결국 그리스도인들은 하나님을 만유의 주라고 믿기 때문이다. 그러므로 서구의 그리스도인들이 부분적으로는 무슬림에 의해 자극을 받아서 '신에 대한 복종'이 영성의 핵심적인 차원이라는 것을 다시 발견하게 되는 것은 정당하고 더 나아가 바람직한 것이라고 할 수 있다"(p. 197).

32. 황금률에 기초한 전도의 기본적인 규칙에 대한 간략한 논의에 관해서는 같은 책 11장을 보라.

33. Martin E. Marty의 *The Christian World* (New York: Random House, 2007)에는 그리스도인이 지혜를 나눠 온 긍정적인 방식과 부정적인 방식의 수많은 사례가 담겨 있다.

34. 이 주장은 이탈리아의 언론인인 안토니오 소치(Antonio Socci)의 책 『최근에 박해받는 사람들』(The New Persecuted)에 의해 대중화되었다. 이 책은 이탈리아어로 쓰여 아직 번역되지 않았다. I Nuovo Perseguitati (Casale Monferrato; Piemme, 2002). 소치는 그 책에서 다른 많은 인물을 David B. Barrett, Goerge T. Kurian, and Todd M. Johnson, The World Christian Encyclopedia, 2 vols. (Oxford: Oxford University Press, 2001)로부터 선정했는데 이 책은 여러 비판의 대상이 되어 왔다. 이 백과사전의 정보에 대한 치우치지 않은 평가로 Becky Hsu et al., "Estimating the Religious Composition of All Nations: An Empirical Assessment of the World Christian Database," Journal for the Scientific Study of Religion 47 (2008): pp. 678-693이 있다.
35. Robert Conquest, "The Churches and the People," in The Harvest of Sorrow (Oxford: Oxford University Press, 1986), pp. 199-213; Geoffrey A. Hosking, "Religion and Nationality under the Soviet State," in The First Socialist Society, rev. ed. (Cambridge, MA: Harvard University Press, 1993), pp. 227-260; Richard C. Bush Jr., Religion in Communist China (Nashville: Abingdon, 1970); G. Thompson Brown, Christianity in the People's Republic of China, rev. ed. (Atlanta: John Knox, 986), pp. 75-134를 보라.
36. 용서에 대해서는 Volf, Free of Charge, 4-6장을 보라.
37. John Paul II, "Jubilee Characteristic: The Purification of Memory," Origins 29 (2000): pp. 649-650를 보라.
38. Martin Luther, Works, ed. Harold J. Grimm (Philadelphia: Fortress, 1962), 31:306.

7장 | 공적 참여

1. 이 표현은 프리드리히 엥겔스(Friedrich Engels)가 프롤레타리아 혁명 후에 국가가 어떻게 될 것인가를 묘사하는 데 사용한 것이다. "국가는 폐지되지 않는다. 국가는 시들어 버릴 것이다." [Anti-Dühring: Herr Eugen Dühring's

Revolution in Science, 2nd ed. (Moscow: Foreign Languages Publishing, 1954), p. 387 저자 강조]. 「반 듀링론」(새길아카데미).

2. 예를 들어 Ernest Renan, *The Future of Science* (Boston: Roberts Brothers, 1891); and Jean-Marie Gayau, *The Non-Religion of the Future* (New York: Holt, 1897)를 보라.

3. Karl Marx, "A Contribution to the Critique of Hegel's *Philosophy of Right*: Introduction," and "Concerning Feuerbach," in *Karl Marx*, trans. Rodney Livingstone and Gregor Benton (London: Penguin, 1992), pp. 243-258 and pp. 421-423; Friedrich Nietzsche, *On the Genealogy of Morality*, ed. Keith AnsellPearson, trans. Carol Diethe (Cambridge: Cambridge University Press, 1994). 「도덕의 계보」(책세상); Sigmund Freud, *The Future of an Illusion*, trans. James Strachey (1961; repr., New York: W.W. Norton, 1989). 「환상의 미래」(열린책들).

4. Peter Berger, "The Desecularization of the World: A Global Overview," in *The Desecularization of the World*, ed. Peter Berger (Grand Rapids: Eerdmans, 1999), pp. 1-18를 보라. 「세속화냐 탈세속화냐」(대한기독교서회).

5. Shmuel N. Eisenstadt, "The Transformation of the Religious Dimension in the Constitution of Comtemporary Modernities-The Contemporary Religious Sphere in the Context of Multiple Modernities," in *Religion in Cultural Discourse*, ed. Brigitte Luchesi and Kocku von Stuckrad (New York: Walter de Gruyter, 2004), pp. 337-353를 보라.

6. Charles Taylor, *Modern Social Imaginaries* (Durham: Duke University Press, 2004), p. 1. 「근대의 사회적 상상」(이음), Charles Taylor, "Two Theories of Modernity," in *Alternative Modernities*, ed. Dilip Parmeshwar Gaonkar (Durham: Duke University Press, 2001), pp. 172-196. 다양한 근대화에 관해서는 Jose Casanova, "Rethinking Secularization: A Global Comparative Perspective," in *Religion, Globalization, and Culture*, ed. Peter Beyer and Lori Beaman (Leiden: Brill, 2007), pp. 107-110를 보라.

7. 나는 세계의 신앙 중 어떤 것도 '종교들'이라고 부르는 데 어느 정도 주저하

게 된다. 왜냐하면 '종교'라는 개념은 근대성의 산물이기 때문이다. 종교라는 말은 살아 있는 포괄적인 신앙을 하나의 영역, 즉 더 넓은 세속 사회 안의 종교 영역으로 축소하는 것을 의미하기 때문이다(관련된 연구 중에서 Cavanaugh, *Myth of Religious Violence*, pp. 57-122를 보라).

8. Philip Jenkins, *The Next Christendom* (Oxford: Oxford University Press, 2002), pp. 42-46를 보라.「신의 미래-종교는 세계를 어떻게 바꾸는가」(도마의길).

9. "U.S. Religious Landscape Survey-Religious Affiliation: Diverse and Dynamic," Pew Forum on Religion and Public Life, February 2008, available at http://religions.pewforum.org/pdf/report-religious-lanscape-study-full.pdf; "Mapping the Global Muslim Population," Pew Forum on Religion and Public Life, October 2009, available at http://pewforum.org/uploadedfiles/Topics/Demographics/Muslimpopulation.pdf.를 보라. Pew에서 정확한 수치를 제시하는 무슬림에 대한 예측을 제외하고 나는 이 수치들을 U.S. Census Bureau's estimate for the U.S. population in 2009의 인구 비율을 Pew의 자료에 곱하여 구했다. '무종교' 인구의 수치는 Pew Fprum이 '무신론자'와 '불가지론자'와 '종교적 성향이 없는 세속주의자'로 분류한 사람들을 포함한다. 유럽과 미국에서 무슬림 인구를 예측하는 어려움에 관해서는 Jocelyn Cesari, *When Islam and Democracy Meet* (New York: Palgrave Macmillan, 2004), pp. 9-11를 보라.

10. 유럽의 몇 개 국가에서 무슬림 공동체가 지방선거와 전국 선거의 정치에 점점 더 관여하고 있는 사례를 담은 Robert J. Pauly Jr., *Islam in Europe* (Aldershot: Ashgate, 2004)을 보라.

11. 중국의 기업들에서 적극적으로 그리스도인들의 종교 활동을 장려하는 사례에 관한 최근의 보고를 보라. Christopher Landau, "Christian Faith Plus Chinese Productivity," BBC News, August 26, 2010, http://www.bbc.co.uk/news/world-asia-pacific-10942954.

12. 인도에서의 종교의 다원성에 관해서는 T.N. Madan, "Religions of India: Plurality and Pluralism," in *Religious Pluralism in South Asia and Eu-*

rope, ed. Jamal Malik and Helmut Reifeld (Oxford: Oxford University Press, 2005), pp. 42-76; Kamran Ahmad, *Roots of Religious Tolerance in Pakistan and India* (Lahore: Vanguard, 2008)를 보라.

13. 이런 종류의 언어의 사례에 관해서는 Cesari의 *When Islam and Democracy Meet*에서 인용된 Giacomo Cardinal Biffi의 언급을 보라.

    무슬림이 다른 종교와는 독립된 사례로 다루어져야 한다는 것은 분명하다. 우리는 공공선에 책임이 있는 모든 사람이 두 눈을 크게 뜨고 어떤 망상도 없이 두려워하지 말고 이 문제에 맞서야 한다는 믿음을 잃지 말아야 한다. 대부분의 경우, 그리고 몇 가지 사소한 예외를 제외하고 무슬림은 가장 핵심적이고 가장 가치 있는 모든 영역에서 우리가 생각하는 개인주의나 사회적인 '인간성'(humanity)에 대해 낯선 사람들로 남겠다는 결의를 가지고 이곳에 왔다. 세속주의자들인 우리가 포기하는 것이 불가능한 것들에 대해 낯선 자들로 남겠다는 것이다. 어느 정도 공개적으로 그들은 근본적으로 다른 존재로 남겠다는 결의를 가지고 이곳에 와서 우리 모두가 근본적으로 그들과 같게 되기를 기다리고 있다…나는 유럽이 다시 기독교적이 되거나 아니면 무슬림이 될 수밖에 없다고 믿는다(p. 33).

14. Richard T. Hughes, *Christian American and the Kingdom of God* (Champaign: University of Illinois Press, 2009), chaps. 4-5를 보라.

15. Wolterstorff, "Role of Religion in Decision and Discussion of Political Issues" pp. 67-120를 보라. cf. John Rawls, *Political Liberalism* (New York: Columbia University Press, 1993).「정치적 자유주의」(동명사).

16. Wolterstorff, "Role of Religion in Decision and Discussion of Political Issues" p. 73.

17. 이 표현에 관해서는 Thomas Jefferson, "To Messrs. Nehemiah Dodge, Ephram Robbins, and Stephen S. Nelson, a Committee of the Danbury Baptist Association, in the State of Connecticut," in *Thomas Jefferson*, ed. Joyce Appleby and Terence Ball (Cambridge: Cambredge University Press, 1999), p. 397를 보라.

18. 위에서 언급한 측면에서 정치적 자유주의를 비판하는 예로서 Oliver

O'Donovan의 입장을 살펴보라. "The Constitutional State and Limitation of Belief" delivered at Yale on March 23, 2006 (available at http://www.yale.edu/divinity/video/theocracy/first.shtml)에서 그는 특정한 정치체제 안에서 규범적인 원리라고 할 수 있는 '시민 사회의 조건'(terms of civic association)이라고 그가 부르는 것들과 그 체제 속 주민들의 포괄적인 이론적 교리라고 할 수 있는 '보편적인 비전들'(universal visions) 사이의 관계의 특징에 대한 문제를 제기한다. 규범적인 원리들은 이차적인 질서의 요구들이며 보편적인 비전들은 일차적인 질서의 요구들이다. 자유민주주의에서 이차적인 질서의 규칙들이 일차적인 질서의 보편적인 비전들의 공적인 표현을 규제한다. 그 결과 이러한 민주주의 체제는 신앙인들에게는 우호적이지 않다. 신앙인들은 그들의 포괄적이고 행동을 지도하는 비전들을 시민사회의 규칙들에 복종시켜야 하기 때문이다. 그러므로 이러한 민주주의 체제에서 종교적인 시민은 그들의 신앙 체계의 구조 안에서 근본적인 불일치를 경험한다. 이것은 매우 심각한 도전이다. 이 주장이 옳다면 자유민주주의는 정치적인 자유주의의 가장 기본적으로 정의된 목표를 달성하는 데 실패하고 있는 것이다. 즉 개인이 그들 자신의 삶에 대한 해석이 있다면 그 해석에 따라 혹은 그런 해석을 갖지 않으면 않는 대로 살아갈 자유를 보장하는 것 말이다. 자유주의가 자유를 제약하게 되는 것이다. 신앙 체계의 구조(보편적 비전들)에서의 불일치는 자유민주주의 사회의 구성원들에게 정치적 자유주의 자체의 기획에 있어서의 불일치를 의미한다. 자유민주주의 체제에서 살아가면서 신앙인들은 그들의 '깊은 신념'에 반하여 외부의 규정에 복종하는 '나쁜 타협'을 해야 한다. 다시 말하자면 그들의 보편적인 비전을 실현하기보다는 변경해야 하는 것이다. 바로 이러한 이유들로 인해 O'Donovan은 정치적 자유주의를 거부한다. 월터스토프와 함께 나는 정치적 자유주의는 수정될 필요가 있다고 생각한다.

19. Wolterstorff, "Role of religion in Decision and Discussion of Political Issues" p. 115.
20. 같은 책.
21. 같은 책, p. 109.

22. 같은 책.
23. Volf, *Allah*, chap. 12를 보라, 또한 Volf, *Captive to the Word of God*, chap. 3을 보라.
24. Jalal al-Din Rumi, Masnavi 3.1259, Geoffrey Parrinder, *The Routledge Dictionary of Religious and Spiritual Citations* (London: Routledge, 2000), p. 22 등에 인용이 되어 있다.
25. 이러한 관점의 고전적인 제시는 John Hick, *An Interpretation of Religion* (New Haven: Yale University Press, 1989)을 보라.
26. 종교에 대한 다원주의적 설명에 대한 비판으로는 Gavin D'Costa, *The Meeting of Religions and the Trinity* (Maryknoll, NY: Orbis, 2000); Michael Barnes, *Theology and the Dialogue of Religions* (Cambridge: Cambridge University Press, 2002)를 보라.
27. 종교들이 그가 '반사효과'(reflectivity)라고 부른 상황을 통해서 스스로를 인식하는 과정, 즉 각 종교가 다른 종교의 관점에서 스스로를 보게 되어 자기인식을 부분적으로는 이에 대해 응답하며 조정하게 된다는 윌리엄 슈바이커(William Schweiker)의 주장에 관해서는 *Theological Ethics and Global Dynamics* (Oxford: Blackwell, 2004)를 보라.
28. Volf, *Allah*, chap. 1를 보라.
29. 기독교 신앙과 더 넓게 이해된 문화와의 관계에 대한 유사한 설명으로는 5장을 보라.
30. 공격적인 세속주의와 이슬람교 사이의 충돌 가운데 가장 잘 알려진 사례에 대한 토론은 John Richard Bowen, *Why the French Don't Like Headscarves* (Princeton: Princeton University Press, 2007)를 보라.
31. 바로 이것을 하기 위해 무슬림들이 'A Common Word'라고 불리는 창의적인 노력을 시작했다. 자료와 하나의 반응, 그리고 중심 이슈들에 대한 신학적 분석에 관해서는 *A Common Word*, ed. Miroslav Volf, Ghazi bin Muhammad, and Melissa Yarrington (Grand Rapids: Eerdmans, 2010)를 보라.
32. Volf, *Captive to the Word of God*, p. 109를 보라.

33. 5장을 보라. 또한 Volf, "The Trinity Is Our Social Program"을 보라.
34. Gotthold Ephraim Lessing, *Nathan the Wise*, trans. Ronald Schechter (Boston: Bedford/St. Martin's, 2004), p. 56. 「현자 나탄」(지만지).
35. 같은 책, p. 76.
36. 같은 책, p. 57.
37. 'Scriptural Reasoning'이라고 불리는 이 운동에 대해서는 *The Promise of Scriptural reasoning*, ed. David Ford and C.C. Pecknold (Oxford: Blackwell, 2006). Cf. *Volf, Captive to the Word of God*, pp. 38-39를 보라.
38. 활발한 사회 토론의 중요성에 관해서는 Amy Gutmann and Dennis Frank Thompson, *Democracy and Disagreement* (Cambridge, MA: Harvard University Press, 1996)를 보라. 그리고 또한 *Deliberative Politics*, ed. Stephen Marcedo (Oxford: Oxford University Press, 1999)에 실린 관점들에 나타난 Gutmann과 Thompson의 비판을 보라.
39. 종교적인 믿음에 대해서 윌리엄 제임스가 관찰한 것은 내가 생각하기에 정치적인 결정의 문제에 있어서 옳다. "결정을 미루고 기다려야 한다면 기다릴 수 있을 것이다. 그러나 우리가 기다린다 해도 기다림 없이 믿었을 때만큼이나 우리는 위험을 각오하고 있는 것이다. 어떤 경우에도 우리는 우리의 생명을 우리 손에 두고 행동하는 것이다." ["The Will to Believe," in *The Writings of William James*, ed. John J. McDermott (New York: Random House, 1967). p. 734.)] 제임스는 그의 글을 James Fitzjames Stephen의 글을 인용하며 마치고 있다.

각 사람은 그가 생각하기에 최선으로 행동한다. 그리고 그 행동이 잘못된 것이면 그에게는 더 안 좋은 결과가 닥칠 것이다. 우리는 눈보라가 휘몰아치고 앞을 가리는 안개 속에서 산길 위에 서 있고 우리를 기만할지도 모르는 길들이 잠깐씩 보인다. 우리가 가만히 서 있다면 우리는 얼어 죽을 것이다. 만일 우리가 잘못된 길을 따라간다면 떨어져 산산조각이 날 수도 있다. 어떤 바른길이 있는지 우리는 확실히 알지 못한다. 우리는 어떻게 해야 하는가? "강하고 용기를 가져라." 최선을 다해 행동하고 최선을 다해 희망하고 어떤 결과든지 받아들여라[*Liberty, Equality, Fraternity* (New York: Holt & Williams, 1873). p. 333].

결론

1. 연설 전문과 이 장에서 인용한 자료들은 여기서 찾아볼 수 있다. http://www.nytimes.com/2009/06/04/us/politics/04obama.text.html.
2. 이것은 '황금률'을 기독교적으로 표현한 것이다. 이것은 우리가 우리 자신에게 이루어지기를 원하는 대로 다른 사람들에게 하라는 명령으로 능동적으로 표현하고 있다. 이슬람에도 유사한 능동적인 표현이 있다. "너희 중 자기를 위하는 만큼 남을 위하지 않는 자는 신앙인이 아니다."(*Sahih Muslim, Kitab allman* 72에 따르면 무하마드가 이렇게 말했다.) 다른 종교에서는 황금률을 수동적으로 표현하기도 한다. "다른 사람들이 네게 하기를 원하지 않는 바를 다른 사람들에게 베풀지 말라"(공자, 「논어」 15.24).
3. Samuel P. Huntington, *The Clash of Civilizations and the Remaking of World Order* (New York: Simon & Schuster, 1996). 「문명의 충돌」(김영사).
4. "Mapping the Glbal Muslim Population," Pew Forum on Religion and Public Life, October 7, 2009, http://pewforum.org/Mapping-the-Global-Muslim-Population.aspx를 보라(그러나 정확한 예측이 어렵다는 것을 기억하라).
5. 이슬람교의 경우에는 Abdullahi Ahmed An-Na'im, *Islam and the Secular State* (Cambridge, MA: Harvard University Press, 2008); Feisal Abdul Rauf, *What's Right with Islam* (New York: HarperCollins, 2004)을 보라.
6. Qutb, *Milestones*, 2.
7. 같은 책, p. 89.
8. Eboo Patel, *Acts of Faith* (Boston: Beacon, 2008).

옮긴이 김명윤은 서울대학교 서양사학과를 졸업하고 장로회신학대학교 신학대학원에서 신학(M.Div)을, 한국학중앙연구원 한국학대학원에서 종교학(Ph.D)을 공부했다. 다양한 종교 전통이 공존하는 가운데 전개되어 온 아시아 교회의 역사에 관심을 가지고 연구하고 있으며 현재 현대교회 담임목사로 사역하고 있다.

광장에 선 기독교

초판 발행_ 2014년 4월 24일
초판 7쇄_ 2024년 8월 5일

지은이_ 미로슬라브 볼프
옮긴이_ 김명윤
펴낸이_ 정모세

펴낸곳_ 한국기독학생회출판부
등록번호_ 제2001-000198호(1978.6.1)
주소_ 04031 서울시 마포구 동교로 156-10
대표 전화_ (02)337-2257 팩스_ (02)337-2258
영업 전화_ (02)338-2282 팩스_ 080-915-1515
홈페이지_ http://www.ivp.co.kr 이메일_ ivp@ivp.co.kr
ISBN 978-89-328-1335-6

ⓒ 한국기독학생회출판부 2014

책값은 뒤표지에 있습니다.
무단 전재와 복제를 금합니다.